I0067522

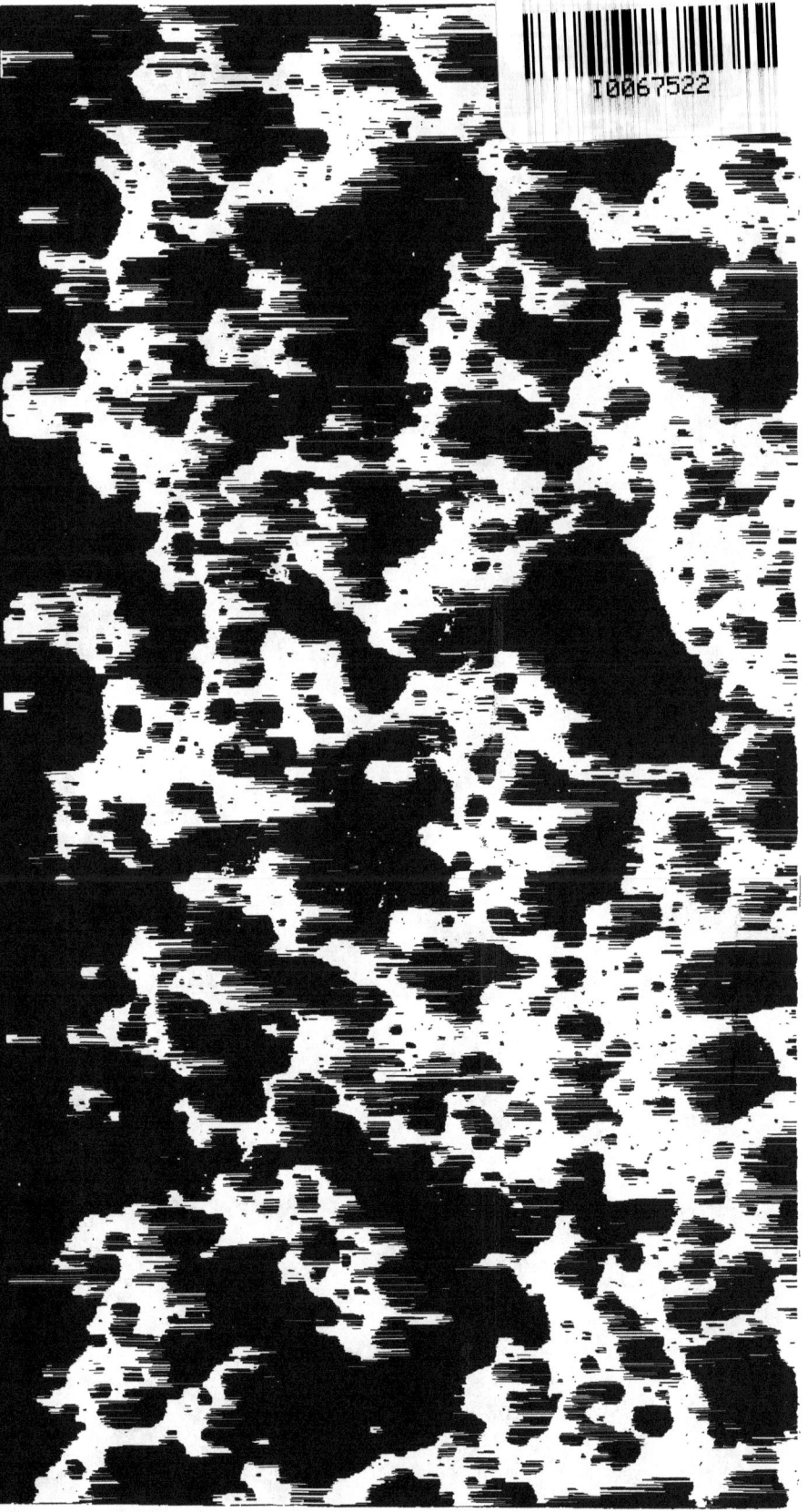

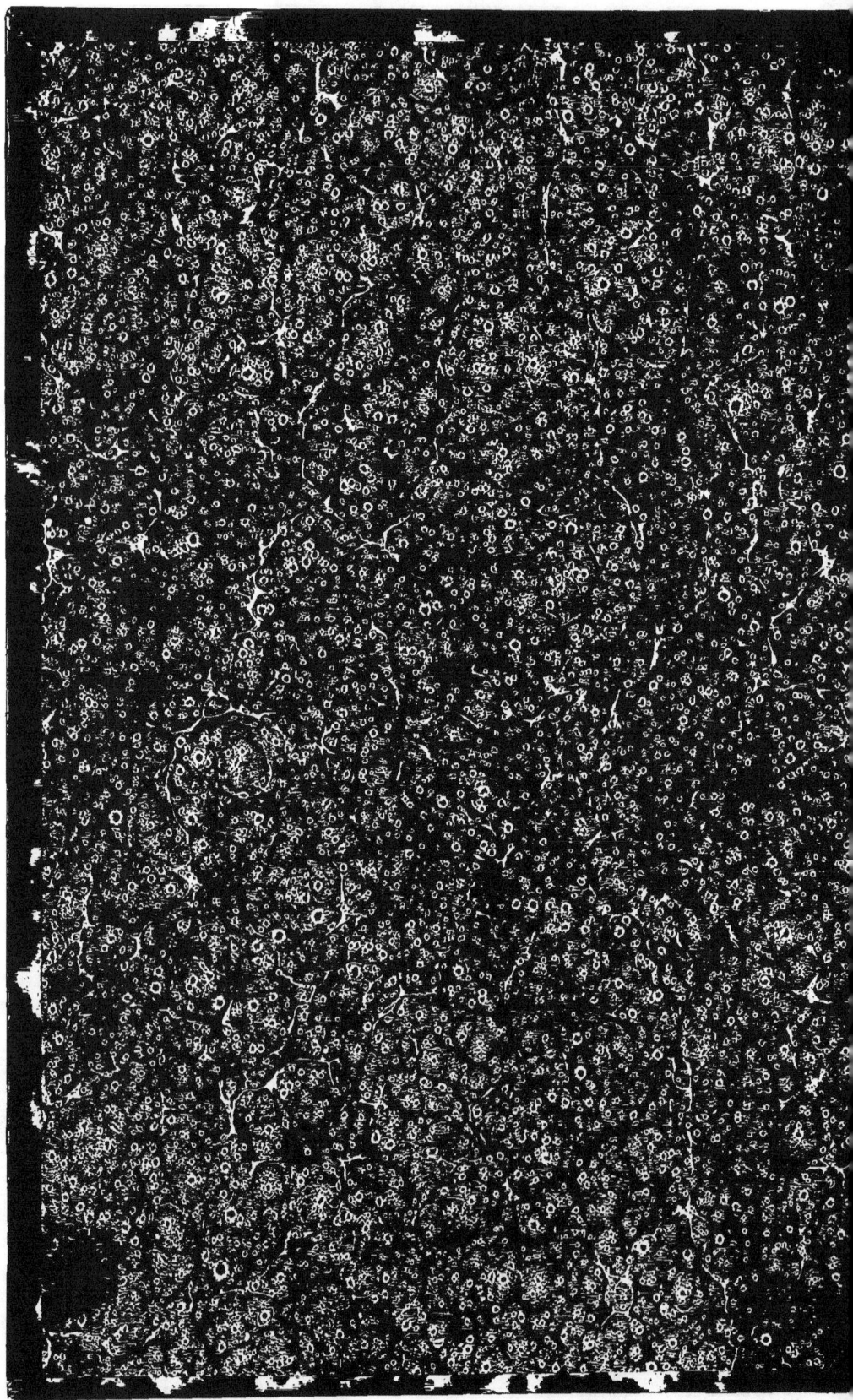

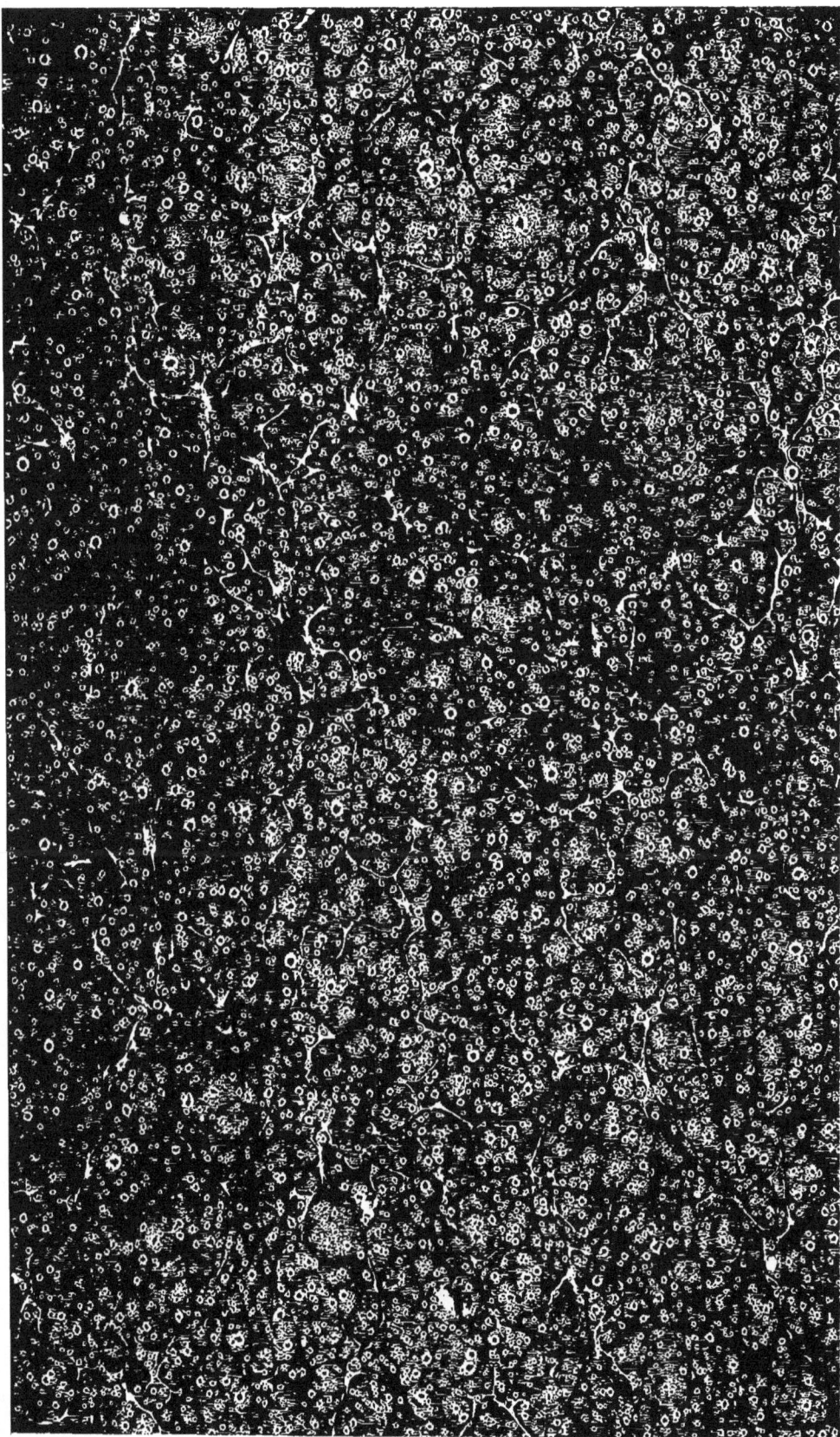

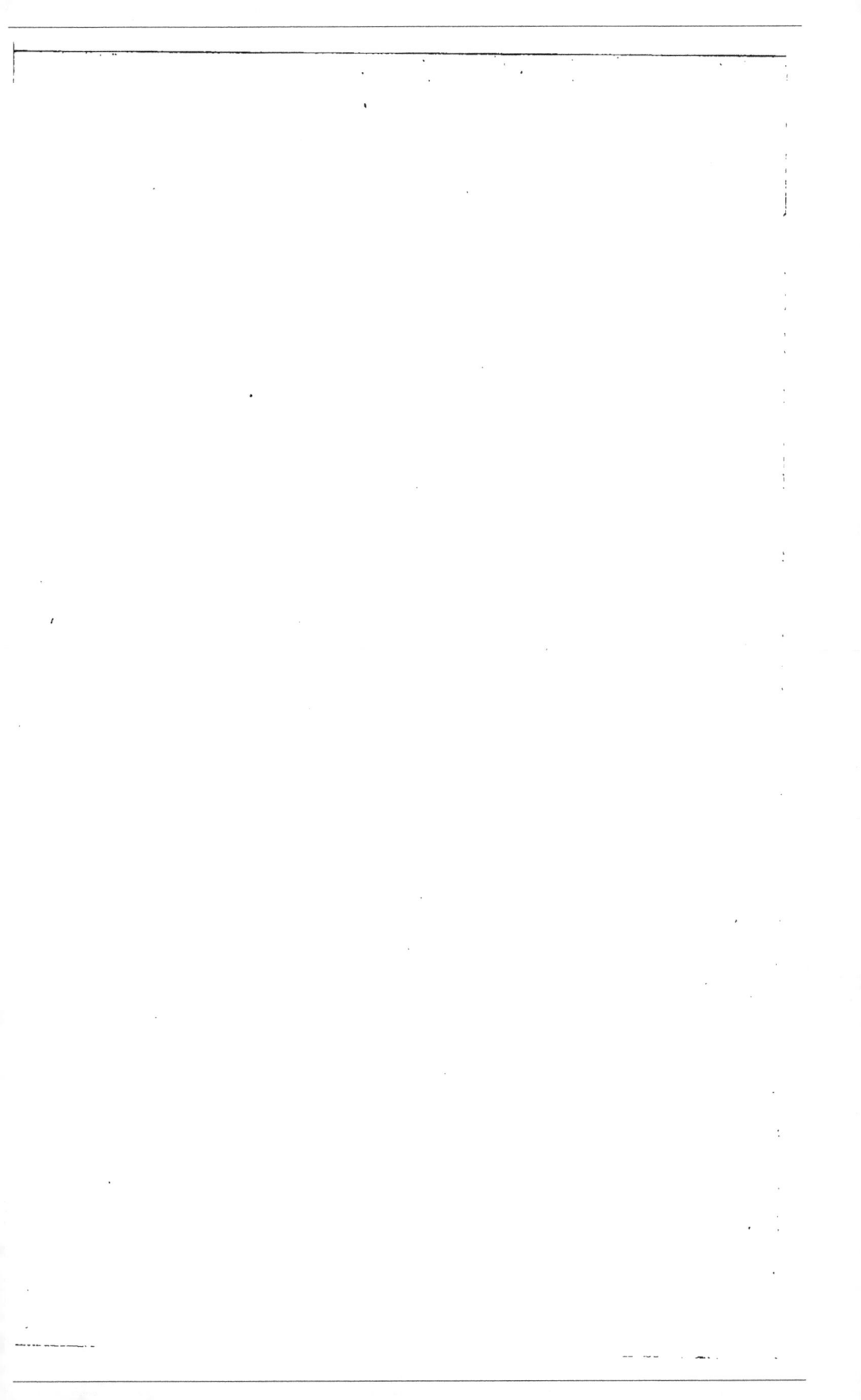

COMMENTAIRE

SUR LA LOI DU 17 AVRIL 1832,

RELATIVE A LA

CONTRAINTE PAR CORPS.

IMPRIMERIE ET FONDERIE DE G. DOYEN,
RUE SAINT-JACQUES, N. 58.

COMMENTAIRE

SUR LA LOI DU 17 AVRIL 1832,

RELATIVE A LA

CONTRAINTE PAR CORPS,

PAR M. FŒLIX,

AVOCAT A LA COUR ROYALE;

PRÉCÉDÉ DE

CONSIDÉRATIONS SUR LA CONTRAINTE PAR CORPS SOUS LES RAPPORTS
DE LA MORALE, DE LA RELIGION, DU DROIT NATUREL
ET DU DROIT CIVIL, ET DANS L'INTÉRÊT DE
L'HUMANITÉ EN GÉNÉRAL,

PAR M. CRIVELLI,

AVOCAT A LA COUR ROYALE.

PARIS,

AU DÉPOT DES LOIS:

CHEZ GUSTAVE PISSIN, LIBRAIRE,

SUCCESSEUR DE RONDONNEAU ET DÈCLE, RUE ST.-ÉLOI, N. 1.

SE TROUVE AUSSI CHEZ

VIDECOQ, LIBRAIRE, PLACE DU PANTHÉON, N. 6.
DELAUNAY, LIBRAIRE, AU PALAIS-ROYAL.
RENARD, A LA LIBRAIRIE DU COMMERCE, RUE STE.-ANNE, 71.

1832.

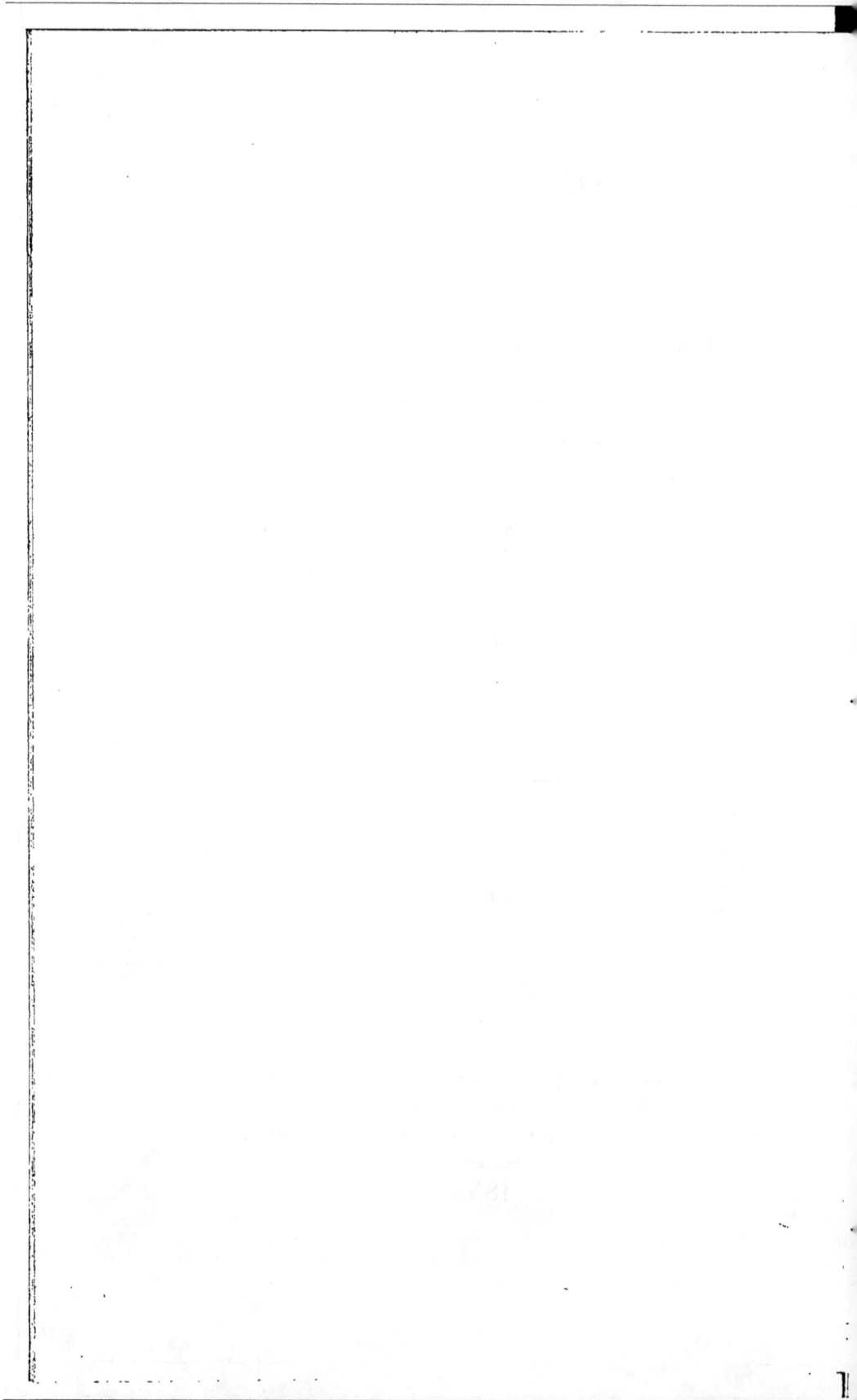

AVANT-PROPOS.

La loi du 17 avril 1832, relative à la contrainte par corps, a apporté de nombreuses et importantes modifications à la législation existante sur la matière. Les dispositions de cette loi ne sont pas le fruit d'une conception passagère, mais l'ouvrage du temps et le résultat successif de plusieurs délibérations législatives mûries à de longs intervalles. Le principe de la contrainte par corps a été conservé; mais la loi nouvelle adoucit les rigueurs de cette épreuve qui interroge, au prix de sa liberté, les ressources du débiteur infidèle à ses engagemens.

On aurait tort de croire que la loi du 17 avril renferme à elle seule toutes les dispositions relatives à la contrainte par corps; elle ne fait que compléter un système qui se compose, d'ailleurs, du titre 16, livre III du Code civil; de plusieurs articles épars du Code de procédure civile, ainsi que du titre 15, livre V, 1re partie du même Code; de quelques dispositions du Code de commerce, du Code pénal, du Code d'instruction criminelle, du Code forestier et de la loi sur la pêche fluviale.

Un commentaire sur toutes ces dispositions est prêt à être mis sous presse : nous publions en attendant la partie qui est de nature à produire une utilité immédiate, attendu la transition d'une législation à l'autre.

Les considérations purement théoriques dues à la plume de M. Crivelli, tout à la fois savant jurisconsulte et habile écrivain, servent en quelque sorte d'introduction à la loi nouvelle : elles peuvent faire apprécier les améliorations importantes introduites par cette loi.   FOELIX.

TABLE DES ABRÉVIATIONS.

C. p. c.	Contrainte par corps.
C. C.	Code civil.
C. d. p. c.	Code de procédure civile.
C. d. c.	Code de commerce.
C. d'inst. c.	Code d'instruction criminelle.
C. p.	Code pénal.
Ch. d. p.	Chambre des pairs.
Ch. d. d.	Chambre des députés.
E. d. m.	Exposé des motifs.
R. de 1829.	Rapport fait par M. le comte de Bastard, au nom de la commission de la Chambre des Pairs, en 1829.
R. de 1830.	Rapport fait par la commission chargée de l'examen de la proposition de M. Jacquinot.
R. de 1831.	Rapport fait par M. le comte Portalis, au nom de la commission de la Chambre des Pairs, en 1831.
R. de 1832.	Rapport fait par M. Parant, au nom de la commission de la Chambre des députés, le 16 février 1832.
R. à la Ch. d. P. en 1832.	Dernier rapport fait par M. le comte Portalis.
Cass.	Arrêt de la Cour de cassation portant cassation.
Rejet.	Arrêt de la même cour portant rejet du pourvoi.
Paris.	Arrêt de la Cour royale de Paris (même observation pour les autres cours royales).
Mon.	Moniteur.
Rep.	Répertoire de jurisprudence de M. Merlin.
Q. d. D.	Questions de droit, par le même.
Favard.	Répertoire de la nouvelle législation, par M. Favard de Langlade.
Locré, esprit.	M. Locré, esprit du Code de commerce.
Locré.	M. Locré, législation civile, commerciale et criminelle de la France.
Pardessus.	M. Pardessus, cours de droit commercial.
S.	Recueil général des lois et des arrêts par M. Sirey.
Dalloz.	Jurisprudence générale du royaume, recueil alphabétique, par M. Dalloz.
G. d. t.	Gazette des tribunaux.

DE LA

CONTRAINTE PAR CORPS.

INTRODUCTION.

ESQUISSE HISTORIQUE DE LA LÉGISLATION SUR LA CONTRAINTE PAR CORPS.

Il est inutile, sans doute, de remonter aux temps anciens pour y rechercher l'origine de la contrainte par corps. Ce serait étaler un vain luxe d'érudition, dont le lecteur nous saura d'autant plus de gré de nous abstenir, que nous ne pourrions nous dispenser de répéter ce que d'autres ont dit avant nous, ce qu'ils lui ont appris dans des ouvrages précédemment publiés.

Qu'il nous suffise d'établir ici que cette odieuse institution existe encore au milieu de notre civilisation, comme une preuve écrite de l'antique barbarie de nos pères. Telles ces pierres druidiques, qu'on retrouve dans les forêts de l'ancienne Gaule, monumens historiques qui attestent les sacrifices humains offerts au cruel *Teutatès* par ses sanguinaires ministres..... Mais ces

.sacrifices ont cessé ; et la liberté du débiteur malheureux, non moins précieuse que la vie, continue d'être enchaînée au gré d'un créancier
avare et vindicatif.

La législation française, sur cette matière, fut
long-temps incertaine et variable ; tant il est difficile d'asseoir sur des bases positives et fixes
des institutions que repoussent à la fois la morale et la religion, et qui forment un contraste
révoltant avec les lois de la nature, véritable type
des bonnes lois civiles !

Le funeste droit qui permet à l'homme de
porter atteinte à la liberté d'un autre homme
ne fut réellement déterminé, et la forme à observer dans l'exercice de ce droit ne fut soumise
à des règles que dans le dix-septième siècle, sous
le règne du grand Roi dont les sages ordonnances nous ont régis jusqu'à l'époque de la révolution. Mais la contrainte par corps n'avait
lieu de plein droit qu'entre banquiers et négocians, à raison de leurs opérations commerciales
et des faits de leur négoce. L'application en était
simplement facultative à l'égard des individus
non négocians qui avaient tiré, accepté, ou en-
dossé des lettres de change ; elle était laissée
dans ce cas à l'arbitraire des juges, qui devaient
apprécier la nature de l'acte ainsi qualifié, la
qualité de ceux qui y figuraient, et l'objet de
l'obligation. En faisant une concession de rigueur

au commerce, dans l'intérêt duquel il avait été jugé nécessaire de maintenir la contrainte pour assurer la prompte exécution des engagemens qui y étaient relatifs, la sagesse du monarque n'avait pas négligé les précautions que commandait le respect dû à la liberté individuelle, à l'égard de ceux qui étaient étrangers à cette profession, et dont les actes pouvaient être assimilés dans leurs effets à des actes de commerce.

Les changemens opérés dans notre législation, et qui étaient la conséquence indispensable des principes proclamés par nos assemblées nationales, devaient nécessairement entraîner l'abolition de la contrainte par corps; et elle fut prononcée par une loi du 9 mars 1793. Mais l'esprit de système qui présidait à la confection des lois, dans ces temps d'anarchie où la France se vit menacée d'être replongée dans la barbarie; la mobilité des opinions, variant avec les événemens sous l'influence desquels elles se formaient; les circonstances désastreuses qui avaient détruit le crédit et ruiné le commerce, concoururent à faire rétracter la loi d'humanité qui contrastait avec l'époque à laquelle elle fut émise, et qui était apparue au milieu de la tourmente révolutionnaire comme un rayon vivifiant du soleil échappé des nuages porteurs de la tempête. La contrainte par corps fut rétablie par la loi du 15 germinal an vi, avec des conditions plus dures que celles

qui en réglaient l'exercice dans les temps antérieurs à l'époque de son abolition.

Les auteurs du Code civil trouvèrent les choses
dans cet état. Dans ce Code, auquel on peut reprocher bien des imperfections, des omissions
graves, mais auquel la France est redevable de
l'inappréciable avantage de l'uniformité du droit
qui la régit, ils ne pouvaient passer sous silence
ce qui concerne la liberté des personnes. Ils ren-
dirent un stérile hommage, et dans des termes
purement énonciatifs, au principe éternel qui en
consacre l'inaliénabilité. Au lieu d'admettre la
conséquence qui en dérivait naturellement, ils
agirent en sens inverse; et ils ne s'occupèrent
que de déterminer les cas où l'homme pouvait
en être privé légalement en matière civile. Ils
confirmèrent les lois particulières qui autori-
saient la contrainte par corps en matière de commerce, en matière de police correctionnelle, et
contre les comptables des deniers publics. A la
vérité, ils établirent en principe qu'elle ne pourrait être appliquée qu'en vertu d'un jugement;
mais cette disposition, qui semblerait présenter
une espèce de garantie contre l'arbitraire et la
passion de ceux à qui la loi accorde la déplorable
faculté d'user de la contrainte, si l'application
qui en est permise avait été soumise à des règles
dictées par la justice et par l'humanité; cette
disposition, disons-nous, a été mal comprise,

et les effets n'ont point répondu à la promesse du législateur.

Le Code qui régit spécialement les matières commerciales, et dans lequel devait naturellement trouver place une loi qui avait été faite uniquement en vue du commerce, garde le silence le plus absolu sur la contrainte par corps : et le Code de Procédure civile, qui avait été promulgué dix-huit mois auparavant, ne s'occupe que des formes relatives à l'emprisonnement des personnes assujetties à la contrainte; il contient, en outre, quelques dispositions accessoires, qui, par leur concurrence ou leur opposition avec celles de la loi du 15 germinal, ont fait naître de fréquentes controverses au Palais, et occasionné une funeste variation dans la jurisprudence des arrêts, ou donné lieu à des interprétations qui ont été le plus souvent défavorables aux infortunés détenus pour dettes.

Tel a été jusqu'à présent, et tel est encore de nos jours l'état de la législation barbare qui livre au bon plaisir de créanciers inhumains la liberté de leurs débiteurs malheureux, sur laquelle ils spéculent, en définitive, après que la plupart d'entre eux ont précipité leur ruine par des intérêts usuraires.

CHAPITRE PREMIER.

Du principe et des effets de la contrainte par corps.

La véritable question de la contrainte par corps, qui se présentait naturellement à l'ouverture de la discussion qui eut lieu, l'an passé, à la Chambre des Pairs, fut volontairement écartée par le gouvernement, et par les nobles orateurs, dignes par leur talent et leur profond savoir d'y faire triompher la cause de l'humanité dans cette lutte de la liberté individuelle contre un droit barbare qui offense la morale publique, et qui a dès long-temps cessé d'être en harmonie avec nos mœurs.

Les nobles pairs durent faire taire le sentiment de leur conscience, qui leur disait que cette question ne saurait résister à l'épreuve à laquelle elle serait soumise. Ils y trouvaient la conviction que l'immense majorité de leurs suffrages, d'accord avec la voix publique en France, se prononcerait pour l'abolition de la contrainte, dont le gouvernement venait leur demander le maintien, avec des modifications toutefois dont la proposition elle-même était déjà une preuve de la nécessité de l'abolir. Il leur fut dit qu'il ne fallait pas rechercher *jusqu'à quel point elle était compatible avec les principes de notre droit public ;* elle leur fut présentée comme *une nécessité sociale qui avait besoin d'être améliorée,* et dont le *principe vicieux devait être atténué, en rendant les applications qu'il recevrait plus rares et moins sensibles...* Pour justifier cette prétendue *nécessité sociale* dérivant d'un principe *vicieux ,* et dont *l'incompatibilité avec notre droit public* ne saurait être problématique, il fut donné pour raison que *l'histoire de la législation nous montrait la contrainte par corps établie chez les peuples les plus anciens; et que l'idée de donner une garantie sur la personne pour assurer l'exact accomplissement des obligations, paraissait s'être présentée naturellement à la pensée de presque tous les législateurs...* et dès-lors, il fut admis comme prémisses de la discussion qu'il ne s'agissait pas d'examiner en théorie la question de la contrainte par corps, ni de considérer abstractivement si elle était légitime en soi, si elle était contraire à la dignité de notre nature, et s'il pouvait être permis à l'homme de donner sa personne en gage, d'hypothéquer sa liberté pour de l'argent.

Ainsi le fait de l'existence d'une vieille institution, reconnue immorale, inhumaine, incompatible avec notre système social , a pu, de nos jours, et par une considération qui eût dû la faire proscrire, l'emporter sur le plus respectable des principes fondamentaux de notre droit,

qui consacre l'inaliénabilité de la liberté des personnes. Ainsi, à la faveur de l'invention d'une
nécessité sociale, démentie par l'opinion générale,
et par la conscience même de celui qui procla-
mait cette nécessité impie dans des termes mi-
tigés, dont l'emploi était exigé pour dissimuler
l'odieux de la chose à exprimer, comme on a
inventé celui de *rigueurs salutaires* pour quali-
fier une des plus funestes époques de notre histoire ; sur le fondement, disons-nous, d'une *nécessité sociale* factice, la liberté du citoyen, dont
la conservation doit faire l'objet de la constante
sollicitude des magistrats, et dont il n'est rigoureusement permis de le priver que lorsque la sûreté publique l'exige, continuerait d'être à la
merci de l'homme ! il pourrait la compromettre
par des obligations qu'il n'a souvent pas dépendu
de lui de ne pas contracter ! un autre pourrait la
lui ravir, par avarice, par caprice ou par méchanceté !.... Cette doctrine antisociale est depuis
long-temps condamnée par les esprits éclairés,
par tous ceux qui conservent le sentiment de la
dignité de notre nature, qu'il n'est pas permis à
l'homme de dégrader. La doctrine contraire devra prévaloir sans doute, parce que les principes
qui lui servent de fondement émanent de la
source de toutes les vérités, et qu'il n'est pas
permis de les méconnaître sans se rendre coupable envers la Divinité.

C'est une opinion sacrilége que celle qui tendrait à faire admettre que l'homme qui a été créé à l'image de Dieu peut disposer de sa personne comme d'une vile marchandise, l'engager pour un peu d'or, accepter celle d'un autre en garantie de ses obligations, et opérer activement ou passivement l'aliénation pour un temps déterminé de la liberté qu'il a reçue en partage pour en jouir toujours. L'homme ne doit pas pouvoir usurper sur lui-même, ni acquérir sur son semblable un droit que Dieu, qui est le souverain maître de toutes choses, n'a pas voulu se réserver sur l'espèce humaine. Émancipé par la volonté divine, il ne dépend pas de lui de répudier le bienfait qui forme son caractère distinctif au milieu de la création, dont il cesserait d'être le chef-d'œuvre s'il lui était permis d'imposer à son semblable, ou d'accepter pour son propre compte, un joug plus dur à porter et plus humiliant que celui de la servitude.

Le droit de contraindre par corps le débiteur malheureux au paiement de sa dette prend son origine dans ces temps de barbarie où en l'absence des lois protectrices du faible, celui-ci était obligé de subir la loi du plus fort; il dérive du droit de conquête; il est l'image affligeante de l'esclavage auquel était réduit le vaincu par son vainqueur. Il n'en diffère que par un raffinement de cruauté inconnu dans ces temps voisins de la

formation des sociétés, et qui fait regretter à
l'infortuné gémissant dans les liens de la captivité, de ne pas jouir des douceurs de l'antique esclavage..... Le détenu pour dettes est étroitement
resserré dans un lieu peu spacieux et ordinairement malsain, où il vit séquestré de la société,
privé de toutes les commodités de la vie, et n'ob-
tenant que ce qui est rigoureusement nécessaire
pour prolonger sa misérable existence, devenue
une charge pour son impitoyable créancier. Il ne
reçoit les bienfaisantes influences de l'air, qui
lui est accordé pour respirer avec la même parcimonie qui préside à la fixation de ses alimens,
qu'à travers les barreaux multipliés qui garnissent l'étroite ouverture par laquelle son réduit
est éclairé..... L'esclave, au contraire, pouvait
parcourir les champs qu'il fertilisait de ses sueurs;
il lui était permis de repaître sa vue des beautés
de la nature; toute sa peine consistait dans un
travail forcé, et dans les services humilians, à la
vérité, qu'il était obligé de rendre à son maître;
mais il trouvait encore dans ses travaux une distraction aux maux attachés à son état de servitude, tandis que le détenu pour dettes doit ajouter aux souffrances de la captivité celles d'une
continuelle oisiveté, dans laquelle ses jours s'é-
coulent avec une lenteur insupportable.

L'esclavage tel qu'il était, tel qu'il existe dans
les âpres climats de la Russie, serait encore pré-

férable à la détention qu'est obligé de subir celui que des malheurs ou son imprudence ont réduit à l'impuissance de payer; il invoquerait comme un bienfait la substitution d'une servitude active et profitable à son créancier, à une captivité oisive et tout à la fois onéreuse à ce dernier, si le dur régime de la contrainte devait continuer de peser sur l'infortune.

Mais la discussion qui a eu lieu à la Chambre des Pairs, la répugnance avec laquelle y fut accueillie la loi proposée, les grandes vérités qui jaillirent de cette discussion, auront éclairé le gouvernement du Roi sur l'opinion que l'on a en France de la contrainte par corps; et tout nous porte à espérer qu'une loi mieux adaptée à nos véritables besoins sociaux sera présentée au lieu de celle dont les vices étaient inséparables de son objet. (1)

---

(1) Le cri de réprobation qui s'élève contre la contrainte par corps ne se fait pas entendre en France seulement; il a retenti en Suisse, qui est aussi le pays de la liberté, dans la séance du conseil représentatif de Genève du 28 décembre 1829. — Voici une courte analyse de la discussion qui y a eu lieu à ce sujet : « M. *Mallet Butini* propose l'abolition de « la contrainte par corps. Suivant l'honorable orateur, sa « demande a pour but d'enlever aux usuriers les moyens de « consommer la ruine de leurs victimes..... Elle est une peine « qui atteint l'innocent, ainsi que le coupable : elle est appliquée dans l'intérêt particulier, et non dans l'intérêt gé-

Il en est de la liberté comme de la vie, nul individu ne doit pouvoir en être privé que lorsque l'intérêt ou la sûreté de la société tout entière en exige le sacrifice. Hors ce cas d'impérieuse nécessité, commandée par le salut commun, il ne saurait exister de cause légitime de réduire un citoyen en état de captivité. L'intérêt privé ne peut, sans violation des principes fondamentaux de notre système social, obtenir à titre de satisfaction la main-mise sur la personne de l'individu obligé. « Si la loi, a dit Montesquieu, doit faire plus de « cas de l'aisance publique que de la liberté d'un « citoyen, elle doit *toujours* préférer la liberté « d'un citoyen à l'aisance d'un autre. »

« néral ; enfin, c'est une torture pour arracher au malheu-
« reux à qui on la fait subir, non l'aveu de ce qu'il ne veut
« pas dire, mais le remboursement de ce qu'il ne peut pas
« payer..... Le commerce emploie peu ce moyen extrême :
« or, les lois trop sévères, dont l'application répugne aux
« hommes délicats, doivent être abrogées, puisqu'elles ne
« servent plus que les passions et les ressentimens des gens
« moins scrupuleux pour arriver à leurs fins. En Angle-
« terre, le parlement retentit sans cesse de *propositions* ten-
« dant à abolir cette mesure ; et pourtant on ne peut y être
« saisi dans son domicile, et l'on y accepte la caution mo-
« rale..... Si cette loi devait être conservée, il faudrait en
« restreindre l'application à un petit nombre de cas. »
Deux autres orateurs qui ont parlé dans cette discussion, ont pensé que « la loi de la contrainte par corps, dont les « applications sont rares à Genève, était nécessaire pour

C'est encore une mauvaise raison que celle qui fut donnée par monseigneur le garde des sceaux dans son exposé des motifs du projet de loi sur la contrainte par corps, lorsqu'il dit que *l'idée de donner une garantie sur la personne pour assurer l'exact accomplissement des obligations, paraissait s'être présentée naturellement à la pensée de presque tous les législateurs.* Indépendamment de l'inexactitude de cette assertion, puisqu'il existe plusieurs États voisins de la France où ce mode de contrainte n'est point pratiqué et où les citoyens ne laissent pas de satisfaire à leurs engagemens; et puisqu'il a été aboli sans inconvéniens pour la fortune privée, dans les États-

---

« comprimer les mauvaises intentions, et effrayer les per-
« sonnes peu scrupuleuses dans leurs engagemens ; qu'elle
« était pour le commerce une sauvegarde qu'il serait dan-
« gereux de lui ôter : mais ils conviennent qu'il serait conve-
« nable de retrancher cette peine dans certains cas gracia-
« bles suivant eux, où son emploi pourrait avoir des consé-
« quences fâcheuses..... »

Un quatrième orateur, qui partageait l'opinion des deux précédens, a dit : « Que le tribunal était quelquefois affligé « d'être obligé de sévir dans de certaines circonstances; en « sorte qu'il croyait convenable de le laisser l'arbitre d'ap- « pliquer ou non la contrainte par corps, tandis que la loi « lui en fait un devoir impérieux. »

(Extrait du *Journal du Commerce,* du mardi 5 janvier 1830, article *Suisse,* Genève, 31 décembre.)

Unis, où il avait été importé de l'Europe, il nous paraît que c'est mal procéder, lorsqu'il s'agit d'une loi à faire, et de vaincre les répugnances que sa proposition fait naître, que de chercher à se faire une autorité de l'exemple donné par d'autres. Il est une règle plus sûre, qui est conseillée par le simple bon sens, et indiquée par tous les publicistes, et qui consiste à examiner avec maturité si elle convient à la nation qu'on veut y soumettre; si elle n'y sera pas en opposition avec les mœurs, sans le secours desquelles les lois demeurent toujours impuissantes, avec les mœurs, dont elles tirent uniquement leur force : *Quid leges sine moribus vanæ efficiunt* (Cicéron). Il faut donc que le législateur considère la morale comme le principal ressort, et la partie la plus essentielle de sa politique.

Les lois positives, qui sont toutes d'institution humaine, doivent encore être formées sur le modèle préexistant de toute éternité, des lois émanées de l'intelligence qui forma l'univers et qui le conserve; qui régla les rapports que nous avons avec elle et avec nos semblables; qui établit les fondemens de l'ordre sur lequel reposent l'existence et la durée de la société, et à laquelle nous devons la distinction du juste et de l'injuste, de l'honnête et de ce qui ne l'est pas.

On doit donc tenir pour certain qu'une loi positive est mauvaise, qu'elle ne convient pas à

ceux pour qui elle est faite, lorsqu'elle est contraire à la morale publique, lorsqu'elle blesse les
lois de l'équité naturelle; et celle qui mettrait en
balance avec des intérêts privés le don le plus
précieux que Dieu ait pu faire à l'homme, ne
saurait échapper au vœu de réprobation qui s'é-
lève contre elle de toutes les consciences.

La loi de la contrainte par corps doit être
abrogée, non seulement parce qu'elle est injuste
dans son principe, mais encore parce qu'elle est
on ne peut plus funeste dans ses effets, soit qu'on
la considère relativement à l'individu qui en est
frappé, relativement à sa famille, ou relativement à la société dont il est membre, et relativement à ses créanciers eux-mêmes.

Relativement à l'individu, les maux qu'elle
produit sont affligeans pour l'humanité; et lorsque la dureté du créancier incarcérateur prolonge
la durée de la détention du débiteur au terme de
cinq ans fixé par la loi, il n'est pas sans exemple
d'en voir interrompre le cours par la mort du détenu, ou de le voir atteint d'aliénation mentale. Le
triste spectacle qui frappe ses regards en entrant
dans le séjour de l'infortune, dont les habitans
se présentent à lui couverts des haillons de la
misère, frappe de stupeur son esprit abattu par
l'acte de violence exercé sur sa personne. Condamné à u   isolement affreux au milieu d'une
réunion d'hommes, tous occupés du malheur qui

leur est personnel, il doit se résigner à n'éprouver plus que des sensations douloureuses; et ses
douleurs n'obtiendront aucun soulagement. Il
demanderait vainement des consolations à ceux
qui l'entourent, et qui en ressentent le besoin
comme lui. Le sommeil lui refuse ses douceurs;
privé d'un salutaire exercice, rien ne l'excite à
prendre des alimens pour réparer ses forces, qu'il
sent s'épuiser de jour en jour. L'affaiblissement
de son corps produit l'altération de ses facultés
intellectuelles; son âme perd son énergie; elle ne
conserve plus d'autre sentiment que celui de ses
peines. Il s'use au milieu des privations de toute
espèce qu'il est forcé de s'imposer, et des souffrances morales auxquelles il est en proie; et lorsqu'après une captivité plus ou moins longue, il
est rendu à la société, dont il n'avait pas mérité
d'être séquestré, il n'y rapporte plus la même ap-
titude qu'il avait auparavant pour le travail; il y
traîne une existence empoisonnée par le souvenir
de sa détention, qui l'humilie à ses propres yeux;
il continue à y vivre dans un état de séquestration
volontaire, dans la crainte de s'y trouver exposé
à l'humiliation plus grande encore d'entendre ré-
véler par la malignité ou même par une indis-
crétion, le secret de l'époque la plus funeste de
sa vie.

Considérées relativement à la famille du malheureux détenu pour dettes, les conséquences

de sa captivité ne sont pas moins déplorables. Ici, c'est une famille désolée à laquelle on enlève son protecteur, son unique appui ; une épouse et des enfans qu'on réduit à toutes les horreurs de la misère, en les privant de celui dont l'industrie les faisait subsister..... Et ces innocentes victimes du malheur, ou de l'imprudence du père de famille, élèvent inutilement une voix suppliante vers celui qui se venge sur sa personne, de la fortune qui trompa ses espérances et ses calculs : leurs supplications le trouvent inflexible ; désormais toutes leurs ressources, pour soutenir leur misérable existence, sont fondées sur la charité publique, s'ils ont assez de vertus et de discernement pour éviter les piéges de la séduction tendus à leur faiblesse, à leur inexpérience.

La société, dont le bien-être et la prospérité sont entretenus par la coopération de chacun de ses membres, éprouve aussi un préjudice qui peut être moins sensible, mais qui n'est pas moins réel, du retranchement qui lui est fait de l'un d'eux. La loi de la contrainte par corps, frappant indistinctement le cultivateur qui fertilise les champs, le militaire qui s'est voué à la défense de son pays, celui dont l'industrie active travaille sans relâche à découvrir de nouvelles sources de richesses, le savant qui consacre ses veilles à reculer les limites de la science, l'écri-

vain qui travaille à étendre le bienfait de l'instruction, le jurisconsulte en qui la veuve et
l'orphelin trouvent un défenseur généreux, et
dont les conseils soulagent bien des infortunes ;
cette loi barbare, qui ne respecte ni l'âge, ni le
sexe, ni d'éminens services rendus, ni la gloire
acquise dans les combats, ou dans des travaux
moins périlleux, ravit sans ménagement à la société ceux qui la nourrissent, qui la protégent et
la défendent, qui lui procurent des jouissances,
ou qui l'instruisent : elle la prive des nouveaux
fruits d'une industrie que l'aveuglement d'un
créancier inhumain vient paralyser, des secours
et des services de ceux qu'elle rend victimes de
ses rigueurs, et de toutes les espérances que
d'utiles antécédens avaient fait concevoir.

Le créancier lui-même qui use de l'affreux privilége de la contrainte, nuit à ses propres intérêts. L'emprisonnement du débiteur lui est aussi
préjudiciable qu'à ce dernier. En le privant de
sa liberté, il achève de ruiner son crédit ; il lui
enlève les moyens d'exercer ses talens et son industrie ; il perd volontairement, par humeur,
par caprice, ou par vengeance, l'unique garantie
de paiement que celui-ci lui présentait dans les
fruits de son travail. En augmentant sa misère,
il achève de tarir la source des espérances qu'il
lui était encore permis de conserver en lui laissant la liberté. — Il n'est pas raisonnable de pen-

ser que l'homme qui a les moyens de remplir ses
obligations, veuille rester exposé à se voir priver de cette précieuse liberté qui est le premier
de tous les biens, et sans laquelle ce qu'on appelle de ce nom ne saurait être d'aucun prix à
ses yeux. Le souverain dispensateur de toutes
choses n'a pas refusé à l'homme le plus borné les
premières notions du juste et de l'injuste ; et il
n'est personne qui ignore que son propre intérêt
repose sur un système de réciprocité conservateur des droits de tous, et qui ne soit convaincu
qu'il doit rendre à chacun ce qui lui est dû, s'il
veut jouir aussi du même avantage à l'égard des
autres. Il faut donc admettre comme une vérité
morale, rarement démentie par l'expérience,
que celui qui ne paie pas ce qu'il doit est réellement dans l'impuissance de le faire. Il n'est pas
impossible, sans doute, qu'on oppose à cette
assertion quelques exemples de débiteurs qui
aient fait entrer dans leurs calculs, sur les moyens
de s'enrichir, la privation de leur liberté, et qui
aient été assez vils pour acquérir de l'or à ce
prix. Mais c'est ici une odieuse exception, qui
ne saurait détruire une vérité que nous tenons
pour constante, et qu'il serait aisé de justifier
par les registres des maisons de détention pour
dettes. Nous osons affirmer que sur cent détenus
pour cette cause, il n'en est qu'un très petit
nombre qui obtiennent leur élargissement par

suite de leur libération, ou seulement après la révolution des cinq ans fixés par la loi, comme *maximum* de la durée de leur emprisonnement. Tous les autres recouvrent leur liberté de la lassitude de leurs créanciers, et faute d'alimens ; ou à la faveur d'atermoiemens que ceux-ci avaient refusés dans le principe, et qu'ils acceptent plus tard avec des chances moins favorables.

Il doit donc être tenu pour certain que l'intérêt bien entendu du créancier commande aussi l'abolition de la contrainte par corps, dont la nécessité est tout aussi incontestable dans l'intérêt du débiteur, dans l'intérêt des familles, et dans celui de la société tout entière.

CHAPITRE II.

La loi qui permet au citoyen de priver le citoyen de sa liberté est - elle compatible avec notre Charte constitutionnelle ?.... N'est-elle pas une grave inconséquence dans l'état actuel de notre législation ?....

On peut concevoir que la contrainte par corps soit une nécessité, malheureusement autorisée par l'état des choses, chez un peuple où les progrès trop lents de la civilisation n'ont point encore effacé les traces de la barbarie; chez une nation où la population est divisée en hommes libres et en esclaves. L'habitude du commandement chez les uns, résultat d'un droit attaché à la naissance ou inhérent à la qualité de propriétaire des terres; celle de dépendance chez les autres, déplorable conséquence du hasard qui les a placés dans les degrés inférieurs de l'échelle sociale, où la nombreuse classe des pauvres gémit sous le poids de la misère, peuvent y faire admettre comme conséquence assez immédiate du principe de servitude qui forme leur droit commun, que la personne de l'individu réduit à l'impuissance de payer ses dettes devienne le gage de ses créanciers, et soit mise à leur disposition pour leur tenir lieu de paiement. La justice relative, dont les hommes sont portés à s'accommoder mieux que de la justice absolue, n'est point contrariée de ce qu'on accorde dans ce cas à la puissance des richesses l'exercice d'un privilége avec lequel les esprits sont déjà familiarisés.

Mais chez une nation qui tire vanité de l'urbanité de ses mœurs, du degré de perfection auquel sa législation est parvenue, et de la pureté de sa morale publique, une telle institution, mise en comparaison avec celles dont elle se glorifie, forme une disparate qui blesse la raison, et que le bon sens du législateur doit s'empresser de faire disparaître.

En France, la garantie de la liberté individuelle, et l'inviolabilité des propriétés, forment les bases principales de notre droit public. De là la prohibition d'aliéner l'une, dont nul ne devrait se trouver exposé à être privé que lorsque la sûreté publique en fait sentir l'impérieux besoin ; et celle de ne pouvoir exiger le sacrifice des autres que pour cause d'intérêt public légalement constaté, et moyennant une juste et préalable indemnité. L'ordre public et les bonnes mœurs sont essentiellement intéressés à la rigoureuse observation de cette règle conservatrice, à laquelle il est défendu de déroger par des conventions particulières.

Mais cette règle étant ainsi établie dans l'intérêt de la société et dans celui des individus, et
la défense qui en forme la sanction étant exprimée dans des termes aussi énergiques, la loi ne
tombe-t-elle pas dans une grave inconséquence,
lorsqu'elle fournit elle-même le moyen d'éluder
ses dispositions ; lorsqu'elle permet de faire indirectement, et à la faveur d'actes revêtus d'une
certaine forme, ce qu'elle défend de faire d'une
manière directe ; lorsqu'elle accorde la contrainte
par corps contre ceux dont les signatures figu-
rent sur de tels actes ?.... Dès-lors, la garantie par
elle promise n'est-elle pas une pure déception,
et les salutaires effets qui doivent en résulter ne
sont-ils pas livrés aux caprices de l'arbitraire ?....
A quoi servira désormais la sollicitude qu'elle
apporte « à protéger les hommes contre l'injus-
« tice des autres hommes ; à les défendre contre
« leur propre faiblesse, non seulement à raison
« de leur âge ou de leur sexe, mais aussi *à raison*
« *des obligations que le besoin leur fait sou-*
« *scrire* », si, par une contradiction choquante
autant qu'elle est funeste dans ses résultats, elle
vient elle-même paralyser l'action de ses bienfaits ?....

Quoi ! elle aura consacré, par une disposition
générale et d'ordre public, la prohibition formelle de porter atteinte à la liberté des personnes
par des conventions particulières ; elle aura dé-

fendu aux notaires de recevoir aucun acte où la
contrainte par corps serait stipulée, et aux juges
d'autoriser de semblables stipulations, hors des
cas rares pour lesquels elle a jugé à propos de
le permettre : et cependant l'aliénation de la liberté qu'elle prohibe sous la forme d'une obligation ordinaire, qui serait revêtue de tous les
caractères de la vérité, pourrait avoir lieu à l'aide
du mensonge, et sous la couleur d'un acte dont
on n'aurait emprunté la forme extérieure que
pour faire produire un effet illicite à cette obligation, qui n'aurait pas changé de nature parce
qu'on y aurait employé un déguisement!... Non,
un pareil abus, résultat funeste d'une singulière
aberration, ne saurait être plus long-temps toléré au mépris de l'opinion générale qui en réclame la réformation ; et la sagesse du législateur
s'empressera, sans doute, de faire cesser le scandale et les désordres qui en sont les moindres
inconvéniens.

Si l'on jugeait qu'il fût utile, ce que plus tard
nous démontrerons n'être pas, de conserver encore l'odieuse exécution du *par corps,* que certains esprits, bien pensans d'ailleurs, mais dominés par une invincible prévention, veulent
considérer comme une sanction efficace des engagemens commerciaux, dont elle garantit mieux,
à leur avis, le fidèle accomplissement, espérons
qu'on reconnaîtra l'insuffisance des précautions

indiquées par les lois existantes, pour empêcher que l'usure et la fraude n'usurpent les apparences et les droits d'un trafic légitime, à l'aide d'une simulation devenue d'autant plus commune qu'il est plus difficile de la prouver : espérons qu'on s'accordera à reconnaître aussi qu'il est absurde de ranger dans la catégorie des actes commerciaux, parce qu'ils sont donnés d'un lieu sur un autre, parce qu'ils auront la forme d'une lettre de change, les mandats de paiement qu'un propriétaire domicilié à une grande distance de ses propriétés aura pu fournir sur ses fermiers dans un pressant besoin d'argent, à celui qui aura consenti à lui en prêter à la faveur de cette délégation; que le fermier qui aura donné, sous la forme d'une acceptation, son consentement de payer la somme déléguée au terme indiqué pour sa libération, cessera d'être assimilé au négociant et contraignable par corps; et que l'avocat, l'homme de lettres, le militaire, le magistrat, qui auront souscrit de pareils engagemens, ne seront plus exposés à subir une dangereuse métamorphose dans leurs qualités au gré des tribunaux de commerce, trop peu portés, en général, à réprimer un abus qui dérive malheureusement de la loi elle-même. Le Code de Commerce offre bien le remède à cet abus, en réputant simples promesses les lettres de

change où sont contenues des énonciations men-
songères ; mais il ne donne aucune garantie de
l'exécution de cette disposition, dont l'application est entièrement abandonnée à l'arbitraire
des juges, qui prennent rarement la peine de
vérifier les faits propres à les amener à la connaissance de la vérité.

Ainsi se trouve compromise la plus précieuse
prérogative attribuée à l'homme, la liberté de sa
personne. Ainsi l'on voit violer impunément, à
l'abri d'une exception qui n'eût pas dû trouver
place dans la loi, le principe conservateur de
cette liberté qu'on n'a pas craint de présenter
comme étant de nature *à entrer dans la masse*
des capitaux dont l'homme peut disposer.

Une aussi funeste doctrine, si elle pouvait être
admise, tendrait à la dégradation de notre espèce, puisqu'elle assimilerait l'être doué d'intelligence à la matière mercantile. Elle causerait le
bouleversement de notre système social, qu'il importe, au contraire, de consolider de plus en
plus en mettant en harmonie avec lui les lois
dont l'expérience nous a fait connaître les vices.
Leur haute antiquité n'est pas toujours un motif
de les respecter, et il n'y a pas de prescription
pour les institutions nuisibles à l'humanité : nécessairement imparfaites comme tout ce qui est
l'ouvrage des hommes, on doit s'empresser de

corriger leurs imperfections aussitôt qu'elles sont connues.

Les fausses considérations que les partisans de la contrainte par corps font valoir à l'appui de leur opinion ne sauraient détruire les grandes vérités dont les esprits sont imbus : celles-ci doivent triompher inévitablement des vieilles erreurs, qu'on ferait de vains efforts pour accréditer de nos jours. D'autres temps, d'autres mœurs : les progrès toujours croissans de la civilisation, les améliorations opérées dans la constitution de l'État et dans la forme du gouvernement, rendent nécessaires des changemens dans la législation, qui doit toujours s'accommoder aux besoins des générations pour lesquelles elle est faite. Ceux de notre époque consistent essentiellement dans l'égalité politique et civile de tous les citoyens, quels que soient leurs titres et leurs rangs dans la société ; dans la liberté de nos personnes, dont nul ne doit être privé que lorsqu'il s'est rendu coupable d'un crime ou d'un délit, et par la volonté de la loi appliquée par les magistrats dépositaires de son autorité. Ce double bienfait, qui nous est garanti par la Charte, ne serait cependant qu'un bienfait illusoire si la contrainte par corps, qui forme un contraste odieux avec ses dispositions généreuses, était maintenue dans nos lois. Son abolition, que nous avons prouvée dans le chapitre

précédent être impérieusement commandée par
la religion et par la morale publique, est donc
encore une conséquence nécessaire des principes consacrés par notre Charte constitutionnelle.

CHAPITRE III.

La contrainte par corps est-elle une peine, ou simplement un mode d'exécution-forcée, à l'usage du créancier, pour obliger son débiteur à payer ?

IL est difficile de concevoir, et notre raison répugne à croire, qu'un fait avéré par ses circonstances et par ses suites déplorables puisse être révoqué en doute par des hommes judicieux. L'humanité se révolte contre ce nouvel outrage fait au malheur; et il faut avoir fait abnégation de ce sentiment pour se refuser à reconnaître le caractère d'une peine non moins grave qu'elle est humiliante, dans une exécutiou odieuse qui met le corps à la gêne, et qui flétrit l'âme de celui qui en est affecté. O vous qui voulez en douter encore, consentez à vous éloigner un seul jour de vos demeures, où vous êtes entourés de toutes les commodités de la vie, où votre cœur savoure les douces caresses d'une épouse chérie et des enfans qui embellissent votre existence; daignez vous transporter dans le triste asile où tant d'infortunés gémissent sous le poids de leur misère, séquestrés de la société, et privés de la présence des objets de leurs plus chères affections; inter-

rogez leur douleur; sondez les plaies de leur
cœur; scrutez leur pensée....; descendez ensuite
dans votre conscience, et dites-nous si vous per-
sisterez à voir dans la contrainte par corps non
une *peine*, mais seulement ce que vous appelez *un
moyen sévère* de forcer le débiteur à acquitter
ses obligations !

Pour que la détention du prisonnier pour dettes pût être considérée autrement que celle des
détenus pour d'autres causes, il faudrait que,
comparée à celle-ci, elle présentât des différences
réelles : et il importera peu que la loi ne l'ait pas
qualifiée de la même manière, si elle produit en
définitive les mêmes résultats; si elle est accompagnée des mêmes angoisses; si les mêmes liens
sont communs à celui qui déplore son infortune
ou qui n'a à se reprocher que son imprudence,
et à celui qui se rendit coupable d'un délit. Or,
pour l'un comme pour l'autre, nul adoucissement ne vient soulager le malaise corporel attaché à la privation de la liberté; leurs souffrances
physiques et morales sont les mêmes. Les barreaux qui garnissent l'étroite ouverture par laquelle le jour pénètre dans le réduit de l'un et de
l'autre ne sont ni moins épais ni moins serrés;
les verroux sous lesquels ils sont enfermés ne
sont pas plus faciles à briser..... Souvent confon-
dus dans la même prison, les détenus pour dettes
n'ont pas même la stérile consolation d'être dis-

tingués de ceux qui, par leurs méfaits, attirèrent sur eux la vindicte publique. S'ils sont soumis à la même gêne, aux mêmes humiliations, aux mêmes rigueurs , par quelle étrange fiction peut-on se persuader qu'ils ne subissent pas une peine semblable à celle qui est infligée à ces derniers?..... Une dénomination différente et de pure convention satisfait peu la raison ; et le sens commun se refusera toujours à voir dans les choses, malgré la différence des mots dont on voudra se servir pour les exprimer, une dissemblance qui manque de réalité.

Toutefois, examinons les raisons à l'aide desquelles les partisans de la contrainte par corps prétendent prouver qu'elle n'est point une *peine*.

« L'idée de peine que l'on attache à la con-
« trainte par corps, disent-ils, est incompatible
« avec sa nature. On ne doit y voir qu'une sorte
« d'épreuve par laquelle on s'assure que le débi-
« teur qui se prétend insolvable, l'est en effet. Le
« temps fixé pour la durée de cette épreuve étant
« accompli, la loi présume que celui qui n'a point
« payé ses dettes n'a véritablement aucun moyen
« de s'acquitter.

« Une peine, quelle qu'elle soit, ne peut être
« prononcée qu'en vertu d'une loi qui qualifie le
« fait de délit ou de crime, selon les circonstances.
« Sans cela, quelque blâmable que soit un acte
« de l'homme, dès-lors qu'il n'est pas prévu par

« la loi pénale, il ne saurait donner lieu à l'appli-
« cation d'une peine.

« Les peines, d'ailleurs, ne se prononcent que
« dans l'intérêt de la vindicte publique, et sur la
« poursuite des officiers préposés à cet effet. La
« contrainte par corps, au contraire, ne s'exerce
« que dans l'intérêt du particulier.

« Toute condamnation imprime une tache à
« celui qui l'a subie; la détention pour dettes n'a
« au contraire rien de flétrissant... »

Tels sont, en résumé, les principaux motifs de
l'opinion favorable à la contrainte; il n'en est
aucun de fondé, si quelques uns peuvent paraî-
tre spécieux.

Il n'est pas possible, en effet, d'admettre l'existence de la contrainte personnelle, sans y attacher naturellement une idée de pénalité. Cette
sorte de contrainte, quelle que soit la douceur
des formes qu'on y emploiera, annonce toujours
une violence faite à l'individu contre lequel elle
est exercée; et la violence est le signe le moins
équivoque de la peine. L'exécution dont le débiteur est l'objet, et l'appareil qui l'accompagne,
sont déjà un véritable châtiment qui l'atteint dans
toute sa personne et dont son âme est doulou-
reusement affectée. En userait-on différemment
à l'égard du condamné pour un délit ou pour un
crime ?... Comme lui, celui-ci serait arrêté par
les exécuteurs des mandemens de la justice;

comme lui, il serait retranché de la société, et traîné dans une prison, séjour spécialement destiné aux malfaiteurs. Si, dans ce dernier cas, l'arrestation du condamné et sa détention sont une peine, comment la contrainte par corps, et la captivité dont elle est suivie, pourraient-elles n'avoir pas le même caractère, lorsqu'on y emploie les mêmes moyens, lorsqu'elles produisent les mêmes effets?... Ici, le fait dément une proposition que les partisans de la contrainte se bornent à énoncer, mais qu'ils seraient bien en peine de justifier..... Par un cruel abus de mots, ils essaient encore de présenter cette odieuse exécution comme étant simplement une *épreuve* faite sur la personne du débiteur, pour acquérir la certitude de son impuissance de payer. Mais l'expérience de tous les jours, constatée par les écrous des maisons de détention, prouve suffisamment la superfluité de cette cruelle *épreuve;* puisque, ainsi que nous l'avons déjà dit, elle ne produit ordinairement d'autres résultats que de convaincre le créancier qu'il eût mieux fait de ne pas repousser dans le principe les offres de son débiteur, de procurer son élargissement à celui-ci par le manque des alimens que ce créancier se lasse de lui fournir après avoir consommé sa ruine par une détention plus ou moins longue, ou de satisfaire par une captivité de cinq ans l'aveugle vengeance de l'incarcérateur.

Personne n'ignore en France qu'il ne doit être infligé de peine qu'à celui qui s'est rendu coupable d'un crime ou d'un délit. Tout le monde sait que le non-paiement d'une obligation de la part du débiteur est un acte blâmable, et nuisible au créancier porteur de cette obligation; et nous adoptons volontiers le sentiment de ceux que nous combattons, lorsqu'ils disent que « un acte « de l'homme, quelque blâmable qu'il soit, ne « saurait donner lieu à l'application d'une peine « lorsqu'il n'est pas prévu par la loi pénale. » Mais nous déduirons de ces prémisses une conséquence différente de celle qu'ils en ont tirée, lorsqu'ils en concluent que la contrainte par corps ni l'emprisonnement qui en est la suite, ne sont pas une peine, tandis qu'ils n'ont pas lieu en vertu de la loi qui punit les crimes et les délits. Nous dirons que la prison étant un châtiment réel , quelles que soient les causes qui en motivent la condamnation, et le bon sens le plus vulgaire repoussant l'opinion paradoxale qu'on voudrait vainement substituer à cette vérité, il est inconséquent d'en permettre l'application sans y observer les formes protectrices de la liberté, et par des tribunaux qui ne sont point ceux auxquels la loi confie le soin d'apprécier les causes qui doivent en entraîner la privation.

La vindicte publique étant seule intéressée dans la distribution des peines, et celle de la prison étant l'une des plus dures qui puissent être infligées à l'homme, il y a de l'injustice à la faire servir à satisfaire l'intérêt individuel ; à la mettre à la disposition d'un créancier haineux, comme un moyen d'assouvir son ressentiment contre un débiteur malheureux. Cette injustice est d'autant plus grande, que l'infortuné soumis à la contrainte, et à qui son créancier veut faire subir le maximum de la durée de la détention fixée par une loi barbare, est traité plus durement que les condamnés pour des faits qualifiés crimes ou délits par la loi.

Non seulement elle ne traite pas avec plus de sévérité les fonctionnaires publics qui se rendent coupables de concussion (1), ceux qui portent le désordre dans la société en y usurpant des fonctions publiques (2), ceux qui outragent les magistrats, par paroles ou par actions, dans l'exercice ou à l'occasion de leurs fonctions (3), mais encore elle laisse aux tribunaux chargés d'appliquer la peine, la faculté de l'adoucir et de réduire à deux ans la durée de leur emprisonnement.

On ne peut exercer une plus grande rigueur, et il est permis d'user de la même indulgence, à l'égard des pères et mères qui osent violer la reli-

---

(1) *Code Pénal*, art. 174.   (3) *Ibid.*, art. 222 et 228.
(2) *Ibid.*, art. 258.

gion et la morale publique en excitant la prosti-
tution et la corruption de leurs enfans âgés de
moins de vingt-un ans (1) ; du calomniateur qui
porte atteinte à l'honneur du citoyen en lui im-
putant des faits qui entraîneraient la peine de
mort, les travaux forcés à perpétuité ou la dé-
portation (2) ; des dévastateurs des récoltes sur
pied (3), etc....

La loi pénale est plus indulgente encore, et n'est
jamais plus sévère, à l'égard de ceux qui se sont
rendus coupables de vols dans certains cas, ni à
l'égard de ceux qui ont commis des larcins et des
filouteries, puisqu'ils ne sont jamais punis de
plus de cinq ans d'emprisonnement, et qu'ils
peuvent n'y être condamnés que pour un an. (4)

Enfin, dans des cas graves, tels que ceux de détention arbitraire de la part des gardiens et con-
cierges des prisons (5); de rébellion d'une personne envers des fonctionnaires investis de l'autorité publique (6); d'abus de confiance, etc. (7);
elle use d'une modération qu'il est à regretter de
ne voir pas employer à l'égard de ceux qui n'ont
d'autre reproche à se faire que de ne pouvoir payer
ce qu'ils doivent, puisqu'elle ne prononce contre

---

(1) *Code Pénal*, art. 334.   (5) *Code Pénal*, art. 120.
(2) *Ibid.*, art. 371.   (6) *Ibid.*, art. 212.
(3) *Ibid.*, art. 444.   (7) *Ibid.*, art. 406 et 408.
(4) *Ibid.*, art. 401.

les premiers que la peine d'un emprisonnement
de deux mois à deux ans. Le banqueroutier simple, lui-même, qui mériterait moins d'indulgence
sans doute que le malheureux débiteur réduit à
l'impuissance de se libérer, n'est pourtant passible
que d'un emprisonnement d'un mois à deux ans
au plus.... (1)

Tous les exemples que nous venons d'indiquer,
plusieurs autres qu'il deviendrait superflu d'énu-
mérer, et qui sont aussi relatifs à des délits envers la société, envers les personnes, envers les
propriétés, offrent de la part du législateur une
sage réserve dans leur répression. En détermi-
nant le *maximum* de la peine, il laisse au juge
le pouvoir de la mitiger, eu égard au plus ou
moins de gravité des circonstances qui ont accompagné le délit, à ses résultats, et au caractère du délinquant; tandis que la contrainte par
corps pèse toujours de tout son poids, et qu'elle
est toujours appliquée sans modification à celui
qui a le malheur de se trouver classé dans la catégorie des contraignables. Toujours cinq ans,
jamais moins de cinq ans de captivité, tel est le
sort qui lui est réservé par une loi inique autant
qu'elle est inhumaine; et l'existence matérielle
du fait de non-paiement suffit pour en légitimer
l'application, sans qu'il soit permis de prendre

(1) *Code Pénal*, art. 402.

en considération la position de fortune du débiteur, s'il y a mauvaise volonté de sa part, ou seulement impuissance réelle de payer..... Dans ce cas, la loi, en ordonnant de punir toujours indistinctement, et d'une manière uniforme, celui qui ne peut pas payer, justifie l'explication donnée par de malins esprits de l'allégorie sous laquelle la peinture nous représente la Justice avec un bandeau sur les yeux. Elle la fait frapper en aveugle, et sans discernement, sur l'individu dont les malheurs, des pertes inattendues, ou des espérances trompées, ont seuls précipité la ruine, et sur celui dont la mauvaise foi pourrait être prouvée, mais qu'on ne saurait présumer légalement, parce qu'elle ne doit pas plus être présumée que le dol et la fraude dont la présomption n'est jamais admise par la loi.... (1)

A la vérité, l'homme qui a été détenu pour dettes, à la différence de celui qui a subi la détention en punition d'un délit, n'est point flétri dans son honneur ; et les partisans de la contrainte par corps empruntent de cette circonstance un motif de soutenir qu'elle n'est pas une peine..... Mais si la loi a refusé cet effet à l'emprisonnement pour dettes, voudra-t-on croire qu'en sortant de la prison où il a vu augmenter sa misère, l'infortuné débiteur conservera dans

_____

(1) *Code Civil*, art. 1116.

le monde la même considération dont il jouissait auparavant ?... Y trouvera-t-il le même crédit ?... La même bienveillance caractérisera-t-elle l'accueil qui lui sera fait ?... Ses relations n'en auront-elles reçu aucune atteinte ?.... Lui-même n'aura-t-il pas perdu de cette assurance qui contribue si souvent au succès ?... Ah ! ne nous le dissimulons pas ; celui qui vient de subir l'épreuve de la captivité n'est plus le même homme ; les autres aussi sont changés à son égard ; et s'il n'y a point perdu l'honneur, on devra convenir qu'elle l'a privé de plusieurs avantages sociaux dont la perte n'est ni moins sensible, ni moins humiliante.

Notre raison se refuse donc à trouver des différences entre la nature et les effets de la détention pour dettes, et la nature et les effets d'un emprisonnement correctionnel. L'une est donc, comme l'autre, une véritable peine ; et nous serons dès-lors fondés à soutenir plus tard qu'elle ne devrait être infligée que par les tribunaux institués à cet effet, et avec la maturité qui convient à l'examen des causes qui peuvent être un juste motif de priver un citoyen de sa liberté.

Mais la contrainte par corps est non seulement une peine dans toute l'acception de ce mot, et dans la réalité de la chose, elle présente encore sous un autre rapport une analogie révoltante avec un moyen atroce, employé autrefois dans notre législation criminelle pour obtenir des accusés la confession de leurs crimes. Elle est une torture physique et morale exercée sur le débiteur par son créancier, pour essayer de lui arracher l'argent qu'on suppose toujours, et le plus souvent faussement, qu'il retient en son pouvoir; ou dans l'espoir de voir accourir à son secours ses parens et ses amis, s'ils sont supposés avoir les moyens de mettre un terme à sa gêne et à ses souffrances. Cette torture est d'autant plus cruelle qu'elle est augmentée de l'incertitude de sa durée soumise à l'arbitraire du créancier, dont le ressentiment, excité par les mauvais résultats de son épreuve, admet, comme une compensation à ses espérances ordinairement trompées, les maux et les douleurs de sa victime.

Terminons la comparaison que nous venons de faire des rigueurs de la loi de la contrainte par corps avec les lois répressives des délits, par un rapprochement avec les peines dont une loi spéciale punit l'usure, qui use toujours largement de l'odieux privilége de couronner par une dure captivité les maux qu'elle a déjà causés à celui qui employa ses ressources. — L'usurier, véritable fléau de la société, n'est passible, dans les cas ordinaires, que d'une amende égale à la moitié des capitaux qu'il a prêtés à un taux usuraire. Ce n'est que lorsqu'il est prouvé qu'il y a eu escroquerie de sa part qu'il est condamné à un emprisonnement *qui ne peut excéder deux ans* (1). Il n'est tenu, envers l'emprunteur, qu'à souffrir, par forme de restitution, la compensation de l'intérêt usuraire qu'il a exigé avec le principal de sa créance, à raison de laquelle il conserve contre le débiteur tous les droits, voies et moyens dérivant de l'obligation. Or, il résulte évidemment de ce court exposé où sont retracées les dispositions les plus rigoureuses de la loi contre l'usure, que la peine infligée à ce délit, cause fréquente de bien des désordres, est dans une injuste disproportion avec les satisfactions que son auteur peut légalement obtenir contre celui dont il aura occasionné les malheurs. Ainsi l'on verra l'usurier porteur d'un titre qui lui confère le droit d'user de la contrainte par corps, n'être le plus souvent condamné qu'à l'amende et à une légère restitution; dans le cas où il est traité avec le plus de sévérité, il en sera quitte pour deux ans d'emprisonnement; tandis que l'emprunteur, dont il a opéré la ruine, sera exposé à toute l'activité de sa vengeance, emprisonné par lui, et retenu captif pendant cinq ans, pour le punir d'avoir osé faire entendre ses plain-

---

(1) Loi du 3 septembre 1807, art. 3 et 4.

tes à la justice..... Cette dernière considération,
qui révèle une nouvelle injustice restée jusqu'à
présent inaperçue, pourrait-elle donc être sans
influence pour déterminer le législateur à ordonner la révocation d'une loi qui n'offre que
les moyens d'aggraver l'infortune ?

CHAPITRE IV.

La Contrainte par corps est-elle utile au commerce ?....

La législation des peuples ayant son principal fondement dans la morale, il faut toujours en consulter les règles lorsqu'il s'agit d'une nouvelle loi à introduire, ou d'une ancienne loi à maintenir. Ainsi, avant d'examiner les raisons de décider de l'utilité d'une telle loi, il faut considérer d'abord si elle est d'accord avec les principes de l'éternelle justice. Or, il devrait demeurer constant, d'après ce qui a été précédemment établi, que celle qui consacre parmi nous le droit de priver un citoyen de sa liberté pour des intérêts pécuniaires, est une loi impie, immorale et injuste. Dès-lors, la question de savoir si elle pourrait être utile devrait être écartée ; parce que rien n'est utile que ce qui est juste, et qu'on ne peut proposer comme étant une chose juste ce qui est contraire à la religion et à l'humanité.

Toutefois, nous devrons nous prêter à la faiblesse de notre nature, si facile à accueillir l'erreur au préjudice de la vérité ; et nous examinerons si, abstraction faite du principe qui doit présider à la confection des bonnes lois, la contrainte par corps peut être d'une utilité relative et spéciale lorsque la nécessité ne s'en fait pas sentir dans l'intérêt général.

L'honorable M. *Lafitte*, auquel sa probité, ses lumières, et son expérience, assignent une place distinguée dans le rang des négocians qui ont acquis des titres à l'estime et à la considération publique, a résolu la question en peu de mots, lorsqu'il a dit à la tribune de la Chambre des Députés : « Les besoins du commerce ne récla-« ment point l'exécution de la contrainte ; elle « ne s'exerce qu'au profit de l'usure contre de « malheureux pères de famille et quelques jeunes « imprudens.... Le commerce, qui civilise tout, « n'a pas besoin pour sa sûreté de recourir à des « moyens qui rappellent les temps de la plus « grande barbarie..... » Les développemens que nous ajouterons à ce qu'il a si énergiquement exprimé ne seront que la paraphrase de son opinion, dans laquelle il n'a été que l'écho de l'opinion générale en France.

L'inutilité pour le commerce d'un mode d'exécution dont il repousse l'odieux privilége, est facile à prouver par l'exemple de ce qui s'y pratique, et par les ressources que la législation commerciale offre à ceux qui en font leur profession pour en rendre l'emploi extrêmement rare à leur égard.

La contrainte par corps, qu'on voudrait faire
considérer comme une sanction efficace des engagemens commerciaux, qui fait qu'ils sont fidè-
lement acquittés par ceux qui les ont contractés, n'a, par le fait, et relativement au commerce,
qu'une existence sans réalité, puisque les véritables commerçans ne veulent point en user contre
ceux auxquels elle s'applique plus spécialement.
Il n'est pas une maison de commerce qui se respecte, qui emploie ce mode de poursuite contre
ses débiteurs; et l'on chercherait vainement le
nom d'un négociant recommandable parmi ceux
des créanciers incarcérateurs. On ne voit figurer
en général, dans le nombre de ces derniers, que
les noms obscurs de quelques capitalistes, prê-
teurs à gros intérêts; de banquiers clandestins,
escompteurs honteux, qui ont l'air d'exiger le 6
pour 100 seulement de leur argent, lorsqu'il leur
rapporte réellement le 15 ou le 18 pour 100, à la
faveur des droits de commission, escompte, etc.,
dont ils surchargent leurs bordereaux; d'avides
usuriers, aux yeux desquels un intérêt à 30
ou 40 pour 100 paraît encore bien modéré, et
qui le plus souvent n'ont donné au lieu d'argent
que des marchandises de rebut, pour lesquelles
ils exigent une obligation du double de leur valeur, de celui qui a recours à leur funeste obli-
geance; enfin, d'odieux spéculateurs ayant acheté
à bas prix les titres de créances des créanciers

nécessiteux autant que les débiteurs qui les ont
souscrits, et de la part desquels l'emprisonnement des uns et des autres est encore une spéculation sur les dernières ressources qui leur restent, sur l'affection présumée de leurs parens et
de leurs amis, et sur l'humanité des dispensateurs
des fonds affectés par la générosité du prince, ou
par la charité publique, à la délivrance annuelle
des malheureux détenus pour dettes.

Les relevés qui ont été plusieurs fois publiés
des écrous des maisons de détention, nous ap-
prennent qu'on ne compte parmi les victimes de
la contrainte par corps qu'un petit nombre de
commerçans appartenant aux classes inférieures
du commerce, marchands en détail des divers
objets de consommation, tels que débitans de vin,
bouchers, épiciers, chapeliers, quincaillers, bro-
canteurs, colporteurs, ouvriers industriels, etc...
Mais la grande masse de la population de ces
maisons se compose de propriétaires fonciers,
d'hommes de lettres, de militaires, d'étudians en
droit et en médecine, de pensionnaires de l'État;
de porteurs d'eau, de charbonniers, de commis-
sionnaires du coin des rues, et d'autres individus
tout aussi étrangers au commerce, auxquels un
besoin impérieux ou la nécessité pressante du
moment, arrachèrent une obligation impropre-
ment qualifiée *acte de commerce*.

Le vice des motifs sur lesquels se fondent les

partisans de la contrainte par corps pour la faire maintenir, et son inutilité dans l'intérêt du commerce, à la sûreté duquel ils veulent se persuader qu'elle contribue essentiellement, se prouvent non seulement, ainsi que nous venons de l'établir, par l'expérience des faits, mais encore par les moyens que la loi met à la disposition du commerçant réduit à l'impuissance de faire honneur à ses engagemens, et dont il est très rare qu'il n'use pas efficacement. En effet, celui qui se trouve réduit à la funeste nécessité de suspendre ses paiemens, prévient ordinairement les poursuites qui pourraient être dirigées contre sa personne par ses créanciers, en se mettant en état de faillite. Dès-lors, il ne peut être reçu contre lui ni écrou, ni recommandation; et il a coutume de se dérober à l'exécution du jugement qui, en déclarant l'époque de l'ouverture de la faillite, ordonne le dépôt de sa personne dans la maison d'arrêt pour dettes, jusqu'à ce qu'il ait pu obtenir un sauf-conduit, qui ne lui est refusé que lorsqu'il s'élève contre lui de graves présomptions de fraude et de mauvaise foi. Le négociant failli jouit de la plénitude de sa liberté personnelle à l'abri de cet acte tutélaire; il concourt avec les agens, et successivement avec les syndics de sa faillite, aux diverses opérations dont la loi leur confie le soin et la direction; et il lui est alloué un salaire pour ce travail. Plus tard, il

traite avec ses créanciers; il obtient d'eux un con-
cordat qui le replace à la tête de ses affaires, ou
il termine avec eux par un contrat d'union dont
les résultats ne peuvent lui être désavantageux
que dans le cas où les circonstances de sa conduite le feraient déclarer non excusable par le
tribunal; ou il leur fait la cession de ses biens;
et dans toutes ces hypothèses, il est affranchi de
la contrainte par corps.

L'intérêt du commerce n'est donc ici évidemment qu'une vaine allégation; et le prétendu besoin qu'il est supposé éprouver d'une garantie
sur la personne, une erreur qui se pare des cou-
leurs de la vérité pour détourner l'attention du
législateur d'un besoin plus réellement pressant, manifesté par le vœu général de la population, et plus digne d'exciter une juste sollicitude,
celui de l'abolition de la loi barbare dont le commerce lui-même répudie l'odieux bienfait.

« C'est cette garantie, nous dit-on, qui donne
« seule confiance et crédit aux lettres de change,
« sans lesquelles il n'y aurait point de commerce,
« et sur lesquelles on ne consent à avancer ses
« fonds que parce qu'elle fournit un moyen d'en
« rendre la rentrée facile et prompte. C'est cette
« garantie qui a fait la richesse et l'aisance d'une
« foule de négocians qui ont commencé sans for-
« tune, et qui n'eussent jamais trouvé de l'ar-
« gent à emprunter sans l'engagement de le ren-

« dre par corps. Elle est favorable surtout au petit
« commerce, auquel elle offre, sous cette condi-
« tion, les moyens de prendre une certaine ex-
« tension à ceux qui étant économes, laborieux
« et intelligens, mais peu fortunés, ont un besoin
« indispensable du crédit. Elle est, dans cette po-
« sition, une des conditions nécessaires du tra-
« vail et de l'industrie. »

Ces diverses propositions, où se trouvent réduits à leur plus simple expression les argumens
de ceux qui prétendent prouver l'utilité de la
contrainte, ne présentent qu'une série d'idées
paradoxales et une fausse opinion des causes qui
entretiennent le crédit parmi les négocians. La
crainte d'une exécution personnelle sur laquelle
on veut faire reposer principalement la confiance qui forme la base du commerce, n'est point
le véritable motif qui y facilite la circulation des
lettres de change, et qui fait que leur paiement
ne souffre pas les retards auxquels sont quelquefois exposées les obligations civiles. Le négociant
qui consent à donner son argent pour la valeur
de convention qui en devient la représentation,
n'y est point déterminé par la garantie que la loi lui
offre dans l'exercice de la contrainte; et la triste
expectative d'avoir à faire usage de ce moyen
odieux serait au contraire un motif pour lui de
refuser des valeurs dont la contrainte serait la
garantie principale de leur paiement. Si celui qui

emprunte ne présente des sûretés morales dans
ses habitudes laborieuses, dans sa probité, dans
son économie, il offrirait vainement d'engager sa
personne pour obtenir les avances dont il pourra
avoir besoin. La confiance et le crédit qui lui
sont accordés sont toujours en proportion de l'ordre qu'il est réputé apporter dans la manuten-
tion de son négoce, de son activité, de sa prudence, de la régularité de sa conduite; et celui
qui consent à lui avancer son argent ne place sa
confiance pour la sûreté de son paiement que dans
sa solvabilité notoirement accréditée.

C'est une supposition injurieuse au petit commerce, que celle qui veut ne trouver d'autre garantie de l'exécution fidèle de ses engagemens
que dans la crainte de la privation de la liberté;
l'honneur et la probité ne sont pas le partage
exclusif des richesses. L'expérience de tous les
jours nous apprend que ceux qui sont parvenus
à les acquérir furent aussi les artisans de leur fortune; et que ce ne fut que parce qu'ils étaient
honnêtes et probes, qu'ils trouvèrent le crédit à
l'aide duquel ils ont vu prospérer leur commerce.
Les mêmes effets sont toujours les résultats des
mêmes causes; il faut donc admettre que l'honneur et la probité sont aujourd'hui comme ils
étaient alors, les causes universelles du crédit et
de la confiance; qu'on ne saurait les suppléer
par le sentiment de la crainte de l'application

d'une loi rigoureuse qui attacherait sa sanction aux obligations commerciales; et, sous ce dernier rapport encore, on devra reconnaître que la garantie de la contrainte est une garantie superflue.

CHAPITRE V.

*Si le législateur croit devoir continuer en faveur
de l'intérêt privé la concession de ce mode
d'exécution forcée, l'exercice ne doit-il pas en
être restreint entre négocians, et à raison seulement des engagemens commerciaux?*

L'intérêt général devrait dominer sans cesse la
pensée du législateur dans la confection des lois;
et, s'il est toujours dangereux de le faire céder à
celui des individus, il ne l'est pas moins de le sacrifier à celui d'une seule classe de citoyens qui est
elle-même une individualité morale. La loi doit
être le soutien de tous; elle doit régler les rapports individuels dans une telle proportion, que
nul ne se trouve lésé dans la répartition de ses
bienfaits... Qu'elle soit comme le palmier, qui
nourrit également de ses fruits tous ceux qui se
reposent sous son ombre!.. Elle cesse d'être juste,
et elle n'accorde plus une égale protection à tous
ceux pour qui elle est faite, si, dans certains cas
et dans la vue d'assurer l'aisance de quelques uns,
elle permet à ceux-ci de compromettre le bonheur et la liberté du plus grand nombre. C'est ce
qui se vérifie à l'égard de l'homme peu fortuné

que ses besoins forcent à user d'un crédit qu'il ne peut obtenir qu'en obligeant sa personne. La contrainte par corps, comme l'épée de Damoclès, menace constamment son existence. Le moindre retard dans l'accomplissement de ses obligations, occasionné par des empêchemens ou des malheurs imprévus, l'expose à subir cette rigueur dont peut user un créancier inflexible; et la crainte continuelle qui l'agite est souvent un obstacle à la prospérité de ses affaires, dans lesquelles il apporte un sentiment de timidité qui diminue sa confiance dans le succès de ses travaux et de ses entreprises.

Si les temps ne paraissent pas suffisamment propices pour couper dans sa racine un mal dont tous s'accordent à reconnaître l'existence; si l'on pense qu'une longue habitude de mettre à prix d'argent la liberté, que nos lois considèrent pourtant comme un bien inappréciable, soit un obstacle à l'abolition de celle qui l'offre en sacrifice à des intérêts pécuniaires blessés, il serait raisonnable de restreindre cette loi dans ses limites les plus étroites, et de n'en permettre l'application qu'à l'égard de ceux pour qui elle serait spécialement faite.

Si l'on veut absolument admettre l'existence d'une nécessité, que désavouent ceux qui sont mieux à même d'en juger; que la loi maintienne le privilége de la contrainte pour la garantie des transactions commerciales, mais qu'elle empêche qu'il puisse être usurpé au profit de l'usure...; que la liberté du citoyen, à laquelle il sera rarement porté atteinte entre les négocians qui honorent cette utile profession, continue d'être le prix des lettres de change, lorsque ceux qui les auront souscrites n'auront pas d'autres moyens de libération....; mais qu'il n'y ait, dans tous les cas, que les négocians qui soient soumis à la contrainte par corps, et jamais ceux qui n'ont point cette qualité.

Si la contrainte par corps doit être encore considérée comme une garantie nécessaire à la rapide circulation, et à la sûreté du paiement des lettres de change si utiles au commerce, pour lequel cette forme d'obligation a été inventée, que leurs effets soient toujours déterminés par la qualité de ceux qui y ont apposé leurs signatures, et non par le caractère extrinsèque d'une obligation de cette nature. Par ce moyen, on aura tari la source d'un abus trop long-temps toléré, et dont la pratique scandaleuse rend inutile la salutaire prohibition de se soumettre à la contrainte par corps, hors des cas extrêmement rares qui sont indiqués par la loi. Le principe du droit commun qui déclare illicite la soumission à cette contrainte pour les engagemens civils, ne doit pas cesser de produire son effet tutélaire, parce que cet engagement aurait été déguisé sous la forme d'une lettre de change, ou bien il faudra consentir à rendre la loi complice de la simulation, à en faire l'auxiliaire de l'usure, qui profite presque seule d'un privilége introduit en opposition au principe conservateur de la liberté individuelle, et qui ne devrait profiter qu'au commerce, en faveur duquel il a été créé. Il est une règle positive du droit, qui veut que, pour déterminer le caractère d'un acte, on s'arrête moins à sa dénomination qu'à sa vérité : ainsi les recueils de jurisprudence nous fournissent de nombreux exemples de donations déguisées sous la forme de ventes, pour éluder les dispositions du Code Civil qui interdisent aux père et mère la faculté de disposer de leurs biens au-delà de la quotité permise ; et les tribunaux ne manquent jamais de restituer leur véritable caractère à ces actes auxquels les parties intéressées avaient vainement voulu en donner un qui ne leur appartenait pas. Pourquoi la simulation obtiendrait-elle plus de succès, lorsqu'une obligation civile serait déguisée sous l'apparence d'une lettre de change?... Faudrait-il donc penser que la fortune des citoyens est d'un plus grand prix aux yeux du législateur, que leur liberté?... Loin de nous une pareille supposition ; et croyons plutôt, comme l'a dit un noble pair, que l'abus que l'on fait des lettres de change, et les idées que l'on se forme sur les effets qui leur sont indistinctement attribués, quels qu'en soient les signataires, sont une suite de l'espèce de respect superstitieux que l'on conserve pour ce genre d'obligation.

Mais ce respect, auquel conviendrait mieux sans doute le nom d'aveuglement, contre lequel la raison se révolte et qui blesse l'humanité, n'est que le fruit d'une erreur devenue intolérable dès l'instant qu'elle est connue, et un véritable préjugé auquel il n'est pas de la dignité de la loi de sacrifier. Que le mensonge ne soit plus accrédité comme une vérité, parce qu'il en aurait revêtu la couleur ; qu'on cesse de pouvoir simuler avec fruit, sous l'apparence d'une lettre de change, une obligation qui, sous sa forme naturelle, n'eût point produit l'effet que lui attribue une dangereuse fiction, et la contrainte cessera d'être une prime pour l'usure d'une part, et pour la prodigalité de l'autre. Il n'y aura plus, comme on l'a déjà dit avant nous, de ces prêts scandaleux faits à des fils de famille mineurs, auxquels on fait souscrire des lettres de change dont la date est laissée en blanc et qu'on remplit lorsqu'ils ont atteint leur majorité. Ceux-ci ne pourront plus trouver à emprunter, et on aura tari la source qui alimentait leur goût pour la dissipation. Enfin, et puisque le commerce ne se fait qu'entre commerçans, il est conséquent de soutenir qu'il est absurde d'en permettre les actes à ceux qui ne le sont pas.

Il serait vainement allégué que, si l'on admet

une différence dans les effets des lettres de change entre les signataires négocians et ceux qui ne le sont pas, la difficulté que l'on éprouvera à faire cette distinction à la simple vue d'un de ces papiers qui se trouvera revêtu de plusieurs signatures, en rendra la négociation plus difficile et la circulation plus lente. Cette objection n'a pas même le faible mérite d'être spécieuse. Celui qui, le premier, recevra la lettre de change, saura nécessairement que le tireur est négociant, parce qu'il ne peut manquer de le connaître, et que ce n'est qu'en raison de sa qualité et de la confiance que sa probité et sa solvabilité lui inspireront, qu'il consentira à lui prêter son argent ou à lui livrer sa marchandise; et ceux qui, successivement, se chargeront du même papier, n'y seront déterminés à leur tour que par la connaissance qu'ils auront de quelqu'un des signataires, et parce que sa solvabilité ne sera point équivoque à leurs yeux, sans qu'ils cherchent à s'enquérir de celle des autres, et s'ils appartiennent ou non au commerce. Ce n'est pas le plus souvent le nombre des signatures dont un papier est revêtu qui en fait la valeur, quoiqu'elles puissent contribuer à lui donner du crédit, mais la confiance qu'inspire le nom de quelques uns d'entre les signataires. Ainsi donc l'inconvénient que l'on présenterait comme digne d'être pris en considération, n'existerait réellement pas.

Au reste, on peut ici, par analogie, tirer des inductions de ce qui a lieu à l'égard des lettres de change qui peuvent être réputées simples promesses, et des billets à ordre qui portent en même temps des signatures d'individus négocians et d'individus non négocians. Ces sortes d'effets ne sont-ils pas négociés, et reçus dans le commerce, avec la même facilité qu'une lettre de change régulière ?... Cependant, comme celle-ci, ils sortent du lieu où ils ont été créés ; ils sont envoyés au loin ; et il est tout aussi difficile alors d'en connaître tous les signataires, qu'il le serait de connaître tous ceux des lettres de change. Mais les signatures connues, et il en est toujours qui le sont, servent de passe-port et de garantie à celles qui ne le sont pas : et il n'y a pas d'exemple que la difficulté qu'il pouvait y avoir à connaître celles-ci, ou la crainte que la lettre de change pût être réputée simple promesse, aient jamais excité des appréhensions dans le commerce, ni fait obstacle à la rapide circulation des effets qui en facilitent les opérations.

Il en serait donc des lettres de change revêtues tout à la fois de signatures de négocians, et d'individus non négocians, comme de celles qui aujourd'hui peuvent être réputées simples promesses à l'égard de ces derniers, et comme des billets à ordre souscrits par les uns et par les autres. Les règles tracées par le Code de Commerce, dans ces deux cas, deviendraient applicables dans la nouvelle espèce ; lorsque ce concours de signatures existerait, les signataires non négocians seraient justiciables des tribunaux de commerce, pour ne pas ralentir l'action des porteurs des effets qui feraient l'objet des poursuites ; mais ils ne seraient point passibles de la contrainte par corps, à moins qu'il ne fût prouvé qu'ils se seraient engagés à l'occasion d'opérations de commerce. Cette preuve, ainsi que celle de leur qualité, en cas de contestation, seraient établies de la même manière que cela se pratique pour les billets à ordre. Ainsi tous les intérêts seraient respectés ; celui des particuliers ne serait plus sacrifié au prétendu intérêt du commerce ; et l'on n'aurait plus à déplorer l'abus qui se fait journellement de l'application de la contrainte par corps à ceux qui ne devraient pas en être atteints, et pour des actes auxquels cette sanction devrait être refusée.

CHAPITRE VI.

De la durée de l'emprisonnement pour dettes commerciales.

Ce n'est point parce que celui qui a été obligé de contracter des dettes pour alimenter son commerce est réduit à l'impuissance de les acquitter, que la loi peut permettre d'user envers lui d'une rigueur exorbitante du droit commun ; et elle ne saurait vouloir que l'infortune conduise nécessairement à la captivité.

Ce n'est point non plus d'après l'importance de la somme qui est due, que doit être calculé le temps pendant lequel le débiteur pourra être privé de sa liberté à défaut d'autres moyens de libération.

La loi serait injuste si elle refusait sa protection au malheur, si elle le confondait avec le vice. Elle agirait sans discernement, si elle déployait la même sévérité dans les réparations qu'elle accorderait pour le préjudice résultant de l'erreur ou de l'imprudence, et pour celui qui serait la conséquence d'une faute grave ou d'un dol caractérisé. Elle consacrerait une sorte de matérialisme rationnel, si elle n'appelait les tri-

bunaux qu'à constater le fait de non paiement,
et à faire machinalement l'application d'une peine
uniforme pour tous les cas, ou si elle voulait
établir un équilibre mathématique entre une
somme prêtée et que le débiteur ne rendrait
pas, et un temps de détention plus ou moins
prolongé, selon que cette somme serait plus ou
moins considérable.

L'impuissance de payer, qu'il ne faut pas assimiler au refus que ferait celui qui ne serait pas
dénué des moyens de se libérer, entraîne une
présomption de culpabilité contre le débiteur,
fondée sur une espèce de fraude de sa part. Il est
réputé n'avoir pas été de bonne foi, lorsqu'il
emprunta un argent qu'il n'avait pas la certitude
de pouvoir rendre ; et c'est cette présomption qui
motive l'application de la peine de l'emprisonnement à laquelle la loi le soumet. Mais les circonstances peuvent être telles, que le soupçon
de culpabilité qui s'élevait contre lui s'évanouisse ;
et qu'on n'ait à lui reprocher qu'une légère imprudence, ou qu'on ait à déplorer avec lui des
pertes qu'il aura essuyées, et qui l'auront privé
des ressources sur lesquelles il comptait pour
remplir ses obligations. Il y aurait de l'inhumanité à le traiter, dans ce cas, avec la même sévérité que celui qui n'aurait fondé l'espoir de sa
libération que sur une possibilité chimérique,
ou sur des probabilités qui méritaient peu de

confiance. De même, il y aurait de l'injustice à
déployer une égale rigueur à l'égard de ce dernier comme à l'égard de celui qui ne feindrait
une impuissance de payer que pour s'enrichir au
détriment de son créancier.

Il serait donc à propos d'admettre un système
de gradation dans la durée de l'emprisonnement
du débiteur : mais cette gradation devra être
déterminée par des considérations toutes morales. Celles résultant de l'importance de la somme
due ne devront être que d'un léger poids dans
la balance. Un tarif de la liberté individuelle serait à la fois une chose absurde, et dégradant
l'humanité. Comment, en effet, évaluer à prix
d'argent le seul bien inappréciable dont il soit
donné à l'homme de jouir; et comment établir
une relation exacte entre une somme déterminée
et la valeur de la durée de temps pendant laquelle il serait permis de le retenir en captivité?...
Comment concevoir raisonnablement qu'une légère fraction, en plus ou en moins, pût le faire
retenir en prison pendant un espace plus ou
moins long?... Et puis si, par une aussi étrange
aberration, on pouvait vouloir assimiler la liberté
à une marchandise; de même que la valeur de
celle-ci varie selon qu'elle est d'une qualité supérieure ou d'une qualité inférieure, de même
il faudrait établir un *maximum* et un *minimum*
de valeur de celle-là, eu égard aux différentes

classes de la société auxquelles appartiennent les individus. Il faudrait calculer la durée de la détention en sens inverse de l'élévation des degrés dans lesquels ils se trouveraient placés sous les rapports de la naissance, de l'éducation, des richesses, etc....; car on ne refuserait pas de reconnaître, comme l'observation en a été faite à la Chambre des Pairs, que, chez ceux qui font partie des basses classes, un emprisonnement prolongé ne produira qu'un effet tout matériel, et froissera moins leurs intérêts; tandis qu'une courte détention produira, sur ceux des classes élevées, un effet moral auquel sa durée n'ajouterait rien, et portera toujours un préjudice sensible à leur existence sociale.

Telles sont les conséquences auxquelles entraînerait l'idée de balancer une somme d'argent par une valeur fictive et correspondante, attachée à un certain temps de privation de la liberté.

S'il est permis de blesser les lois de la nature et de la morale pour satisfaire encore au préjugé qui abaisse la dignité de l'homme en faisant de sa personne le gage d'une misérable somme d'argent, qu'il soit du moins observé à l'égard du malheureux débiteur les mêmes règles de justice dont il est usé à l'égard de celui qui a blessé la société tout entière par le délit dont il s'est rendu coupable!.. Qu'on apprécie sa bonne ou sa mauvaise foi, le degré de gravité de sa faute ou de son

imprudence; qu'il ne subisse la dure loi de la
contrainte qu'autant que le juge estimera qu'il
en a mérité l'application, et pendant le temps
qu'il croira devoir assigner à sa captivité, eu égard
aux circonstances!....

La loi, comme en matière de délits, devra fixer
le plus long terme de la détention; mais, par une
conséquence du vœu que nous venons d'émettre,
laisser à la sagesse des tribunaux la faculté d'en
abréger la durée. Après avoir fait au préjugé sous
l'influence duquel elle a pris naissance l'odieuse
concession dont l'humanité s'afflige, elle doit aussi
concilier avec ses rigueurs tout ce que l'exacte
justice réclame. Ainsi, dans la fixation de ce plus
long terme, elle n'omettra pas de prendre en considération que la prolongation de la captivité du
débiteur aggrave de jour en jour sa position en
augmentant sa dette par l'accumulation des intérêts, et par la somme mensuelle que le créancier
est obligé de lui fournir à titre d'alimens; qu'elle
nuit essentiellement aux moyens industriels du
détenu, par l'interruption qu'elle apporte dans ses
relations; et que, par cette augmentation incessante de la dette, par l'obstacle invincible que le
débiteur éprouve à se livrer à ses travaux ordinaires et à en recueillir le fruit, elle lui rend de
plus en plus difficiles les moyens de se libérer.

Ces différentes considérations, puisées dans la
nature même des circonstances inséparables de

l'emprisonnement, feront sentir la nécessité d'en
assigner le plus long terme à un temps fort limité, soit qu'on veuille n'y voir qu'une épreuve,
un moyen de coaction employé à l'égard du détenu, pour le forcer à faire connaître ses ressources véritables, qu'il serait supposé vouloir
soustraire à ses créanciers; soit qu'on lui attribue le caractère de pénalité, qu'il est difficile de
refuser à la plus dure des privations qui puissent
être imposées à l'homme. Comme *épreuve*, s'il n'a
pas produit son effet dans les premiers temps où
le détenu est plus vivement affecté des maux et
des douleurs attachés à la captivité, il faut tenir
pour certain, ou que celui-ci est réellement dans
l'impuissance de racheter sa liberté et d'obtenir
aucun secours de ceux qui tiennent à lui par les
liens du sang ou de l'amitié, ou qu'il préfère le
sacrifice de sa liberté pendant un temps déterminé à celui de son argent : et, dans l'un comme
dans l'autre cas, la prolongation de sa détention
ne saurait faire espérer un résultat avantageux
pour le créancier incarcérateur. Comme *peine*, il
y aurait de l'injustice à étendre la durée de l'emprisonnement, pour un fait qui n'est point rangé
dans la classe des délits, au plus long terme assigné pour la punition de ceux-ci; et l'on sait qu'à
leur égard le *maximum* n'est que de cinq ans
pour les cas les plus graves. Il doit nécessairement y avoir une différence dans les effets, lors-

qu'il en existe une aussi grande dans les causes.
L'homme malheureux, celui qui ne fut qu'im-
prudent, celui qui n'a lésé que des intérêts privés, ne doivent point être traités avec autant de
rigueur que l'individu qui s'est rendu coupable
d'un délit : ils ont d'autant plus de droit à l'indulgence de la loi, que le créancier a voulu
courir les chances auxquelles il s'est exposé, et
qu'il n'est point exempt de son côté du reproche
d'imprudence ou d'une trop grande confiance té-
mérairement accordée.

CHAPITRE VII.

Des alimens à fournir par le créancier incarcéra-teur à son débiteur incarcéré.

Par une conséquence de l'étrange aberration qui fait confondre les personnes avec les choses , et qui donne au créancier le singulier privilége de s'emparer de son débiteur comme d'un gage pour être payé de sa créance, on a dû être conduit à faire aux individus l'application des règles qui déterminent les effets des obligations imposées au détenteur du gage, pour empêcher le dépérisse-ment de l'objet qu'il détient à ce titre. Ainsi, et par la même raison que celui-ci est tenu de pré-venir par ses soins la perte ou la détérioration du meuble qu'il a reçu en garantie de sa créance, la loi le soumet à faire la dépense des sommes né-cessaires à la conservation de l'individu dont elle lui accorde l'odieuse possession en vue de son paiement.

Il serait difficile de se dissimuler combien ce rapprochement choque les premières notions des principes du droit, qui établissent une juste dis-tinction entre les personnes et les choses; mais il n'est pas possible de déguiser les funestes effets d'une erreur consacrée par la loi elle-même. Si la raison s'en indigne, elle doit cependant se soumettre à l'autorité qui lui commande l'obéissance.

Toutefois, avant d'appartenir à son créancier, le malheureux débiteur s'appartient à lui-même, il appartient à sa famille, dont il est le soutien; il appartient à la société, à laquelle il doit le tribut de ses services. Les choses devraient donc être ordonnées de manière qu'il trouvât dans sa captivité les secours qu'il eût pu se procurer par son travail et par son industrie, pour soutenir son existence dans son état de liberté. Sa famille, à laquelle il est ravi, ne devrait pas se trouver exposée à mourir de faim ou à solliciter le pain de la charité. La société, dont il est séquestré pour satisfaire un misérable intérêt privé, devrait espérer de recouvrer en lui, lorsqu'il lui sera rendu, non un membre inutile, exténué par le besoin, ou affaibli par les maux qu'il aura soufferts, mais un homme actif et capable encore de la servir utilement.

Mais qu'il y a loin de ce que l'humanité et la justice commandent d'accorder au malheureux détenu pour dettes, avec ce qu'il lui est permis d'obtenir de son créancier!.... La loi lui donne droit à des alimens, dont celui-ci est obligé de faire l'avance pendant tout le temps qu'il lui plaira de prolonger sa détention; mais ces alimens sont réglés avec une telle parcimonie qu'il trouve à peine dans le prix qui en est la représentation de quoi se procurer une chétive nourriture, peu propre à réparer ses forces altérées par ses souffrances physiques et morales, et par le genre de vie inusité auquel il est tout à coup condamné. La détention ne pouvant avoir lieu que dans des prisons établies sous la surveillance de l'autorité publique, c'est là qu'il trouve un asile aux frais de l'État, où il est mis à l'abri des injures de l'air, mais où il éprouve en entrant la privation des objets les plus indispensables. Renfermé entre quatre murs, dans un étroit réduit, ses yeux y cherchent en vain la chaise dont il a besoin pour s'asseoir ; il ne l'obtient qu'à prix d'argent, ainsi que le misérable coucher qu'on ne refusa jamais au plus coupable d'entre les condamnés.

La fixation des alimens à la somme de *vingt francs* par mois date d'une époque reculée, à laquelle la valeur du marc d'argent qui lui servit de base était de plus d'un tiers inférieure à celle qu'il a acquise de nos jours. Cette fixation a donc subi par le fait une progression décroissante; elle n'est plus en harmonie avec le tarif sur lequel elle fut calculée; et elle présente une disproportion bien plus choquante, si on la met en parallèle avec le prix des denrées de première nécessité, comparé à celui auquel elles se vendaient alors.

Le besoin de la porter à un taux plus élevé se fait sentir depuis long-temps; l'humanité le réclame d'une manière pressante. L'homme doit trouver à vivre, quelle que soit la position dans laquelle il est placé par les circonstances. La société prend soin de fournir à la subsistance de ceux que leurs méfaits la force à retrancher de son sein; l'indigent trouve une ressource assurée dans la bienfaisance de ses semblables; le détenu pour dettes devrait-il donc rester seul exposé aux horreurs de la faim et de la misère ?... Tel est cependant le sort qui lui serait réservé, si l'on considère l'exiguité des moyens qui lui sont donnés pour fournir à ses premiers besoins. En effet, la somme mensuelle de *vingt francs,* qu'il reçoit à titre d'alimens, ne lui permettrait pas d'étendre sa dépense quotidienne au-delà de 66 centimes $\frac{20}{30}$, si elle lui était comptée intégralement; et déjà l'on est forcé de reconnaître combien elle est au-dessous de ce qu'il lui faudrait pour s'acheter une nourriture suffisante. Mais sa misère excitera une vive compassion, lorsqu'on saura qu'à Paris, par exemple, cette somme subit un retranchement forcé, par la retenue qui y est faite de 4 francs 95 centimes par mois, pour la location du mobilier mesquin qui garnit sa chambre (1).

---

(1) Nous avons jugé convenable de donner ici l'état de ce mobilier, et de mettre en regard le prix qui est exigé par

Cette réduction, qui est énorme, eu égard à la modique somme sur laquelle elle est opérée, est augmentée encore par des contributions arbitraires qu'il doit se résigner à acquitter, s'il ne veut s'exposer à mécontenter ceux au profit de qui elles tournent (1). Elle est augmentée, enfin,

jour pour sa location, en vertu d'un arrêté du ministre de l'intérieur du 4 novembre 1820.

1°. Un lit de sangle	1 centime.
2°. Un matelas	3 cent. $\frac{1}{2}$.
3°. Une couverture	2
4°. Une paire de draps	5
5°. Un traversin	1
6°. Un oreiller	1
7°. Une taie d'oreiller	1
8°. Une table	1
9°. Une chaise	1

16 cent. $\frac{1}{2}$.

Ce qui fait pour le mois 4 francs 95 centimes. Mais ce retranchement n'est point uniforme partout; il varie selon les localités; et il est des lieux, comme à Versailles, où il s'élève à 10 francs par mois.

(1) C'est le pompier, déjà salarié pour amener l'eau dans les cours de la prison, qui, à la fin de chaque mois, se tient à la porte du local où se fait la paie des alimens, et tend sa sebile aux prisonniers pour obtenir d'eux une gratification, qui est toujours au moins de 5 *centimes*. — C'est le garçon du corridor, qui, chaque fois qu'il est employé pour les appeler lorsqu'ils sont demandés au greffe de la geole ou par des visiteurs, provoque une récompense pour ce service,

par divers autres objets de menues dépenses fré-
quemment répétées, et qu'il ne peut se dispenser
de faire (1); de sorte qu'en définitive le malheureux détenu voit réduire à quatorze francs en-
viron les vingt francs qui lui sont alloués par la
loi, ce qui lui laisse à peine *quarante-sept centimes* disponibles par jour, tandis qu'une somme
double de celle qui lui reste ne lui suffirait point
encore pour fournir aux objets de première nécessité que l'on comprend, dans le langage légal,

---

qu'il est cependant obligé de faire, et obtient ordinairement
5 *centimes,* indépendamment de la tournée qu'il fait dans
les chambres à la fin du mois, pour inviter ceux qui les
habitent *à ne pas l'oublier;* souvenir qui leur coûte à chacun
habituellement 10 *centimes.* — C'est la visite du jour de l'an
par les gardiens de la maison, dont l'objet n'est pas seulement de présenter un stérile compliment, mais d'obtenir, à
la faveur de formes obséquieuses, le prix des complaisances
qu'ils ont eues dans le courant de l'année.

On peut, sans exagération, évaluer ces diverses espèces
de contributions, en en faisant une répartition approxima-
tive, à 50 *centimes* par mois.

(1) Il n'est pas de détenu qui n'ait une correspondance
obligée pour ses affaires; et c'est apporter beaucoup de
modération que de fixer aussi à 50 *centimes* par mois ce nouvel article de dépense.

Ce dernier objet réuni au montant des contributions forcées levées sur le détenu, et à la retenue qui lui est faite
pour la location du mobilier, il en résulte une diminution
de 6 francs par mois au moins sur le montant de ses alimens.

sous la dénomination *d'alimens*. On doit entendre par cette expression tout ce qui est indispensable à l'existence de l'homme, non seulement
un asile et une nourriture suffisante, mais encore
l'ameublement nécessaire pour garnir cet asile,
et les moyens de préparer cette nourriture; les
vêtemens pour se couvrir, le bois pour se chauf-
fer pendant les rigueurs de l'hiver, la chandelle
pour s'éclairer, le blanchissage et l'entretien du
linge à son usage. Le créancier qui se donne la
barbare satisfaction de faire incarcérer son débiteur, ne doit pas pouvoir y ajouter encore le
plaisir atroce de laisser sa victime manquer de
ce qui forme les élémens de la vie. Si les intérêts
du premier veulent qu'il soit usé d'une sage économie à son égard, l'humanité exige que l'on
fasse jouir le second de ce qu'on ne peut lui refuser sans blesser ses lois. Elles seront consultées
par le législateur dans sa juste sollicitude pour les
infortunés sur lesquels nous appelons tout son
intérêt : il se pénétrera de leurs besoins, auxquels
leur position les met dans une incapacité réelle et
absolue de procurer le moindre soulagement; et
il déterminera les obligations du créancier d'a-
près des bases plus larges et plus justes tout à la
fois. Le détenu pour dettes ne doit pas se flatter
de trouver l'aisance dans la maison de la gêne,
mais la loi ne doit pas permettre que les peines

inséparables de sa captivité soient aggravées encore par les privations les plus dures.

La disposition par laquelle elle prescrit la consignation des alimens pour un mois, et par
avance, manifeste sa prévoyance et cet esprit de
sagesse qui tempère toujours ses plus grandes rigueurs. Il est naturel qu'en entrant dans sa prison, le débiteur trouve à y subsister aux dépens
de celui qui l'y fait renfermer ; s'il ne peut plus
gagner sa vie, il est juste qu'il y soit immédiatement pourvu par celui qui lui en ôte les moyens
en le privant de la liberté ; mais cette disposition
salutaire est impunément violée à Paris par l'autorité elle-même à qui l'exécution en est confiée,
et elle a dû céder au régime réglémentaire (1).
L'intention qui a dicté ce réglement peut offrir
quelque chose de spécieux en soi ; mais elle n'est
pas moins blâmable, puisqu'elle fait substituer
l'arbitraire à la volonté suprême devant laquelle
toutes les volontés individuelles doivent fléchir.
Au lieu de délivrer au détenu la somme entière
qui est consignée par le créancier, on ne la lui
compte que par parcelle ; au lieu de la recevoir
par avance et à l'instant même où il est écroué,
comme la loi l'a voulu, il ne l'obtient que tous
les trois jours et à terme échu, parce que ce ré-

(1) Arrêté du ministre de l'intérieur du 4 novembre 1820.

glement en fixe ainsi la répartition sur le fondement qu'il faut prévenir l'emploi indiscret que le
prévenu pourrait en faire, et un funeste penchant
à la prodigalité. En attendant, il faut qu'il se ré-
signe à souffrir de la faim, s'il n'est muni de l'argent nécessaire pour fournir à ses besoins jusqu'au
jour de la *paie;* ou s'il n'est secouru, dans son
état de dénûment, par ses compagnons d'infortune. Ainsi, sous le prétexte de vouloir être plus
sage et plus prévoyant que la loi, s'introduisent
les abus d'autant plus difficiles à déraciner qu'ils
se fortifient par une longue pratique. Il suffira
sans doute d'avoir signalé celui-ci pour obtenir
sa réformation, et pour qu'il soit pris des mesures propres à empêcher qu'il se reproduise à
l'avenir.

Mais il en est un bien plus grave, et qui mérite de fixer, d'une manière plus particulière encore, l'attention du législateur. Il prend sa source
dans la facilité avec laquelle le premier venu est
admis à continuer la consignation des alimens,
pourvu qu'il soit porteur de la dernière quittance
qui en a été donnée par le gardien (1). Il n'est

---

(1) Cet usage vicieux, et évidemment contraire au vœu
de la loi, s'est introduit en vertu d'une décision de monseigneur le garde des sceaux, transmise au directeur de la
maison de détention de Sainte-Pélagie, le 7 septembre 1826,
par M. le procureur du Roi près le tribunal de première
instance de la Seine.

pas sans exemple qu'elle ait été effectuée à l'insu
du créancier par un agent subalterne qui y avait
été employé une première fois, et dont l'em-
pressement à prévenir les volontés de son maître
lui a fait exécuter par anticipation un ordre qu'il
n'aurait pas reçu. On connaît même à Sainte-Pélagie de malheureux débiteurs dont les alimens ont
été consignés sous le nom de créanciers décédés,
et plusieurs mois après la mort de ceux-ci, par
des *hommes d'affaires* à qui les héritiers n'en
avaient point donné le mandat; et ces infortunés
sont ainsi restés les victimes d'un zèle indiscret,
ou d'inimitiés personnelles qu'un funeste hasard
aura favorisées.

L'obligation que la loi impose aux créanciers
incarcérateurs de fournir des alimens aux débiteurs incarcérés est une obligation qui doit être
toujours inséparable de la qualité de créancier,
comme l'odieux privilége dont elle est une rigoureuse conséquence. Elle doit donc être toujours
accomplie par eux, ou en vertu d'un acte authentique dans lequel on puisse avoir la preuve qu'ils
persistent dans la cruelle volonté de prolonger
la captivité de leur débiteur. Il importe, dans ce
dernier cas, que le mandat de consigner qu'ils
peuvent donner à un tiers fasse l'objet d'une
procuration spéciale; et qu'elle soit passée dans
la forme authentique pour prévenir la fraude qui
pourrait être commise à la faveur d'une procu-

ration sous signature privée, dont rien ne justifierait la vérité aux yeux du gardien ou geolier
en mains de qui la consignation se fait. Ce n'est
que par la stricte observance de cette mesure
qu'on pourra s'assurer que la consignation des alimens procède du fait des créanciers eux-mêmes;
qu'elle est l'effet de leur volonté spontanée et
non d'une volonté étrangère. Si la loi exige un
acte authentique, ou l'intervention du créancier
en personne, lorsqu'il s'agit de l'élargissement du
débiteur par le consentement de ce dernier (1);
pourquoi n'exigerait-elle pas cette intervention
ou un acte dans cette forme, lorsqu'il s'agit d'ac-
complir la condition à laquelle est subordonnée
la continuation de la détention du débiteur?...

Il importe encore que cette consignation n'ait
lieu que pour un mois, et jamais pour un plus
long terme. Il est digne de la sagesse du législateur de chercher à prémunir le créancier, autant
dans son intérêt qu'en considération du débiteur,
contre un premier mouvement d'irritation que
la réflexion peut calmer. Il est prudent de le
priver des moyens de céder avec trop de préci-
pitation à son ressentiment, et de l'obliger à
prendre le temps de consulter sa raison et d'écou-
ter la voix de l'humanité, à laquelle il faut supposer qu'il peut n'être pas entièrement sourd.

_____

(1) Art. 801 du *Code de Procédure civile.*

La contrainte par corps est un mode d'exécution assez rigoureux pour qu'on l'entoure de beaucoup de précautions, et même de difficultés tellement grandes qu'on puisse se flatter d'en rendre l'exercice extrêmement rare. Ce n'est qu'alors qu'elle cessera d'être un moyen favorable à l'usure, et la personne du débiteur un objet de spéculation pour les usuriers. Il faut que le créancier irrité n'y trouve plus un moyen simple et facile de satisfaire une vengeance aveugle. Il faut enfin que le déplorable sacrifice de la liberté soit réglé avec une telle sévérité, que l'on ne puisse pas être induit à penser que la loi se montre insouciante sur l'accomplissement des formalités dont l'observation est prescrite à l'homme qui se détermine à user du droit d'en retenir un autre captif.

CHAPITRE VIII.

De la contrainte par corps en matière civile, et de la durée de l'emprisonnement pour dettes civiles.

Si la célérité nécessaire dans les transactions commerciales est un motif qui doive déterminer à maintenir la contrainte par corps, comme offrant la garantie la plus efficace de leur prompte exécution ; s'il ne faut rien moins qu'une *nécessité* aussi impérieuse pour conserver, au milieu de notre civilisation, une loi qui nous rappelle les temps de la barbarie, il est permis de se demander comment, en l'absence d'un tel motif et de cette *nécessité* toute spéciale, ce mode rigoureux d'exécution a pu être admis dans notre législation civile épurée de tous les restes de l'antique servitude de nos pères, des odieux priviléges de la féodalité, de toutes les absurdités des vieilles coutumes auxquelles a été substitué le bienfait d'une législation raisonnable et uniforme ?..... comment ce déplorable effet d'une cause prétendue irrésistible a pu être attribué à des causes moins pressantes, et qui ne réclamaient pas la même faveur ?....

Croirait-on avoir suffisamment justifié le sacrifice de la liberté individuelle, exigé comme sanction d'une certaine nature d'obligations, en al-
léguant encore ici l'usage fortifié par le temps?.....
Mais un long usage avait aussi consacré le droit
de main-morte, le vasselage, les corvées, et une
multitude d'autres droits remontant à une haute
antiquité. Le même motif de respect pour d'anciennes institutions aurait donc dû porter à les
faire revivre aussi malgré leur incohérence avec
nos mœurs actuelles, qui ne sympathisent pas
mieux avec l'odieuse contrainte par corps.

Dira-t-on, et c'est ici le motif le plus spécieux
qui puisse en être donné, que la contrainte est
attachée à de certaines obligations civiles, en haine
de la fraude et de la mauvaise foi qui les caracté-
risent?..... qu'elle est une espèce de pénalité, une
disposition quasi correctionnelle appliquée à une
sorte de délit?..... Notre raison ne se refusera pas
à reconnaître que de tels actes qui causent à autrui un préjudice réel, doivent faire encourir à
leur auteur l'animadversion de la loi. Mais, dans
ce cas, la contrainte doit être considérée non
seulement comme étant établie uniquement en
vue de l'intérêt privé, et pour assurer à celui
qui a souffert du dol et de la mauvaise foi d'un
autre la réparation du dommage qui lui a été
causé, mais encore dans l'intérêt général de la
société, pour assurer la vérité et l'inviolabilité

des transactions : et l'emprisonnement est alors moins un moyen de coaction comme on voudrait en vain le persuader, qu'un véritable châtiment infligé à celui qui a pratiqué la fraude.

La distinction qu'on voudrait établir ici entre les délits et les quasi-délits, celle à la faveur de laquelle on voudrait présenter la contrainte par corps appliquée aux quasi-délits comme n'étant pas une peine, satisfont peu le jugement. Elles n'offrent rien de bien réel; l'esprit n'y découvre qu'une pure subtilité du droit. Elles ne seront surtout jamais senties par le contraignable, qui ne verra aucune différence entre la détention qui est la conséquence de sa faute, et la détention infligée en vertu de la loi pénale, puisqu'elles aboutissent l'une et l'autre au même résultat matériel. Il est donc plus naturel d'apprécier par ses effets le caractère qui lui appartient réellement, que de leur attribuer une cause de pure convention et qu'ils démentent évidemment. On doit donc admettre comme une vérité constante et qui tombe sous les sens, que la contrainte par corps est la punition d'un acte préjudiciable à autrui. Dès-lors l'exacte justice commande d'en faire l'application avec mesure, et eu égard au plus ou moins de gravité des circonstances, qui varient nécessairement, suivant la nature des obligations qui y donnent lieu. Quel que soit le tort du débiteur, il conserve encore des droits à la compassion

6

parce qu'il est malheureux; il y aurait un trop grand excès de dureté à permettre que son créancier pût le retenir captif pendant un temps indéterminé, et à ne lui offrir en perspective d'autre terme à sa détention que celui de sa vie.

En déclarant la contrainte par corps applicable, dans certains cas, en matière civile, la loi a consacré un principe sévère : et l'emprisonnement qui en est la suite nécessaire n'est que la peine attachée par elle à l'abus de confiance dont l'homme s'est rendu coupable ; au dol et à la fraude pratiqués dans les actes qui y donnent lieu; à la résistance apportée par les injustes détenteurs de la propriété d'autrui aux mandemens de la justice qui en ordonnent le délaissement au profit du véritable propriétaire ; au refus d'obéir aux jugemens qui prononcent des condamnations à des amendes ou à des dommages-intérêts.

En permettant qu'elle fût stipulée par les fermiers, dans les actes de bail, comme une plus sûre garantie du paiement des fermages des biens ruraux, le législateur a trop cédé à l'influence du privilége de la propriété sur celui qui la fertilise de ses sueurs. Son équité a fléchi devant l'intérêt du propriétaire, qui dominait sa pensée; et il a introduit une exception funeste et difficile à justifier par des raisons solides, au principe général qui défend à l'homme d'engager sa liberté.

Mais plus la loi se montrait rigoureuse dans les cas particuliers et spéciaux qu'elle a indiqués, plus le sacrifice qu'elle permet de faire à l'intérêt privé était grand, et plus elle devait se montrer soigneuse de limiter la durée de la peine dont elle ordonne l'application pour les cas où elle présume que la mauvaise foi est flagrante, qu'elle autorise pour ceux où l'obéissance est refusée aux jugemens des tribunaux, et dont elle tolère la stipulation dans d'autres. Il ne suffisait pas de dire que la contrainte par corps serait ou pourrait être appliquée dans les premiers, et qu'on aurait la faculté de la stipuler dans les seconds, il fallait encore qu'elle en réglât les effets au lieu de laisser ce soin important au bon plaisir des parties intéressées, ou à l'arbitraire des tribunaux, dont la discussion qui a eu lieu à la Chambre des Pairs nous a révélé la funeste erreur de leur jurisprudence; erreur d'autant plus déplorable que plusieurs en sont encore les victimes, en attendant le bienfait d'une loi nouvelle qui vienne mettre un terme à leur trop longue captivité

Cette loi réparatrice, dont le besoin est si vivement senti, devra coordonner le système de la contrainte personnelle avec les principes immuables de la justice, qui ne permet pas de confondre et de traiter avec la même sévérité l'imprudence et la mauvaise foi. Si elle se montrait aussi rigoureuse, si elle frappait également et sans distinc-

tion dans tous les cas où la contrainte peut être
exercée, si elle restait toujours inflexible, elle
deviendrait souvent inique dans l'application qui
en serait faite. Qu'elle fixe le *maximum* et le *minimum* du temps de la détention; mais qu'elle
confie à la sagesse du juge la graduation de sa
durée, eu égard à l'intention du coupable et aux
nuances de la culpabilité.

Il y aurait injustice à appeler sur chacune des
causes qui regardent les dettes civiles la même
épreuve pénale. La loi manquerait de sagacité et
de mesure, si elle déployait la même rigueur à
l'égard de la caution judiciaire et à l'égard du
stellionataire ; pour la violation du dépôt nécessaire, et pour le délaissement d'un fonds ; pour
la représentation des objets confiés à la garde
des dépositaires publics, et pour une restitution
de fruits ou pour le paiement de dommages-intérêts; pour forcer le fermier à payer le prix de
ses fermages, et pour obtenir du consignataire
la restitution des deniers consignés en ses mains.
L'indication de ces divers cas, qui offrent entre
eux une différence sensible, suffit déjà pour faire
sentir la nécessité d'en établir une aussi dans la
peine.

Le *stellionat,* que l'on pourrait s'étonner de
ne point trouver classé dans le nombre des délits,
est, de tous les faits de l'homme qu'elle qualifie
quasi-délits, celui où la mauvaise foi est le mieux

caractérisée. Il est ordinairement le produit d'une volonté réfléchie; et il répugne à la raison d'admettre la supposition d'erreur de la part de celui qui, ayant déjà vendu un immeuble, ou le sachant grevé d'hypothèques, trompe par une fausse déclaration un second acquéreur, ou celui de qui il emprunte de l'argent. Toutefois ce fait, quelque grave qu'il soit, ne l'est pas tellement qu'il doive faire encourir la peine d'un emprisonnement perpétuel à son auteur, s'il est dans l'impossibilité de désintéresser celui qu'il a trompé : tandis que la durée de la détention du voleur le plus audacieux est limitée à cinq ans...... Que la loi use envers lui d'une grande rigueur; qu'elle assigne à une époque éloignée le terme de sa captivité, lorsqu'on ne peut espérer de lui d'autre réparation du préjudice qu'il a causé; mais qu'elle fixe ce terme, qu'il y aurait de l'inhumanité à laisser à l'arbitraire du créancier...... Il y a une excessive dureté et une suprême injustice à placer un homme, quel qu'il soit, dans la dépendance d'un autre homme. — Si celui qui subit une juste punition légalement prononcée n'est plus lui-même qu'un homme malheureux aux yeux de ses semblables, qu'un sentiment de commisération intéresse naturellement à son sort, que sera-ce de celui dont le châtiment n'est réellement plus qu'un acte de vengeance prolongée?... Celui qui en est l'objet s'en irrite, et il excite un sentiment d'indignation chez ceux qui en sont les témoins.

Mais le stellionataire lui-même peut être encore digne de quelque indulgence, et les circonstances qui ont déterminé son action peuvent être telles qu'il puisse y trouver des motifs plausibles d'excuse. La loi, qui ne préjuge jamais la conduite des individus, doit toujours en laisser l'appréciation aux tribunaux; son application ne doit pas être, de la part de ceux-ci, un acte purement matériel; et, pour qu'elle soit faite avec justice, il faut qu'en jugeant le fait ils aient aussi égard à l'intention. Puisque les causes de la contrainte par corps, en matière civile, sont toutes fondées sur une présomption de fraude et de mauvaise foi; il faut, de nécessité, que la fraude et la mauvaise foi soient prouvées contre l'individu qui en est prévenu, pour que la contrainte puisse être justement prononcée contre lui.

On peut, avec fondement, en réputer coupable celui qui n'a pas conservé le dépôt nécessaire qu'on a été forcé de lui confier par quelque accident ou par un événement imprévu; les officiers publics qui ne représentent point les actes de leur ministère, lorsqu'ils leur sont légalement demandés; ceux qui ne rendent pas les choses commises à leur garde, ou les deniers consignés entre leurs mains; ceux qui abusent de la

confiance obligée qui leur est accordée à raison
de leurs fonctions, pour retenir des titres ou des
sommes d'argent qu'ils auraient reçus de leurs
cliens ; enfin, le colon partiaire qui retient à la
fin de son bail les bestiaux, les semences, et les
objets qui lui avaient été remis à ce titre. — Mais
on ne peut leur assimiler l'homme qui, par un
sentiment d'obstination blâmable, sans doute, refuse d'obéir au jugement qui lui ordonne de délaisser un fonds dont il s'était emparé ; celui qui
n'exécute pas la condamnation qui le soumet à
une restitution de fruits, au paiement d'une
amende ou à des dommages-intérêts; les cautions
judiciaires, et celles des contraignables par corps;
le fermier qui est en retard de payer le prix de
ses fermages. — Les obligations des uns ne présentent aucune analogie avec celles des autres.—
Une grave présomption pèse contre les premiers.
On est naturellement porté à croire qu'il dépendait d'eux de conserver intact le dépôt qui leur
était confié; qu'ils ont à s'imputer de l'avoir violé,
ou de ne l'avoir pas assez soigneusement conservé. Ils peuvent ne présenter dans leur solvabilité qu'une garantie illusoire ; une réparation
d'une autre espèce est due, dans ce cas, à l'individu lésé, et la société réclame un exemple dans
l'intérêt général. Mais la satisfaction à accorder
doit toujours être proportionnée au préjudice
causé; et la durée de la captivité du débiteur ne

doit jamais pouvoir excéder celle qui est assignée à la détention prononcée par la loi pénale en matière de délits. Le dépositaire, même infidèle, ne doit jamais pouvoir être puni plus sévèrement que ne l'eût été celui qui lui eût volé l'objet déposé. La peine doit aussi pouvoir être modérée par le juge, qui pèsera dans sa conscience les justes motifs de la modération qu'il y apportera.

Les seconds, au contraire, méritent plus de faveur. La présomption de mauvaise foi ne s'élève pas nécessairement contre eux. Un homme peut devenir insolvable sans qu'on ait aucun tort à lui reprocher : il y aurait une rigueur blâmable à augmenter son infortune par la privation de sa liberté. L'application de la contrainte par corps ne doit donc être que facultative à leur égard ; et elle devra leur être faite d'autant plus rarement que l'homme condamné civilement à une restitution de fruits, à des dommages-intérêts, la caution judiciaire, et le fermier surtout, ne diffèrent pas dans leurs obligations des débiteurs ordinaires, et que le débiteur de l'État, pour une amende qu'il aurait encourue, ne diffère en rien du débiteur envers les particuliers.

De ce qui vient d'être dit, suit la nécessité de former diverses catégories des contraignables en matière civile ; quel que soit le rapport sous lequel on voudra envisager la contrainte, comme peine ou comme moyen de coaction. Dans l'un comme dans l'autre cas, le juge devra considérer essentiellement, en en faisant l'application, le plus ou moins de gravité du préjudice, et la mauvaise foi du débiteur, qui devront aussi influer sur la fixation du temps de la détention. Comme peine, sa durée ne devra jamais être plus longue que celle qui est infligée aux délits. Comme épreuve, ou moyen de coaction employé pour faire connaître les ressources cachées du débiteur, elle devra être sagement calculée, et de manière à atteindre ce but sans qu'il puisse être reproché à la loi de n'être qu'un instrument de vengeance pour le créancier.

CHAPITRE IX.

De la contrainte par corps contre les étrangers.

LA nécessité de rapprocher les peuples, qui ne trouvent déjà que trop de causes d'éloignement dans la diversité de leurs gouvernemens, est une vérité morale et politique tout à la fois, qui ne peut rencontrer de sérieux contradicteurs. Ce n'est que par la fréquence et la facilité de leurs communications, qu'on peut se flatter d'accélérer et d'étendre les bienfaits de la civilisation. Mais leurs rapports doivent être fondés sur une bienveillance et une confiance réciproques; ils doivent être excités encore par une réciprocité d'avantages, dans lesquels les individus puissent trouver des motifs pressans de multiplier leurs relations. Cette confiance ne peut naître, et ces avantages n'ont de la réalité, que chez les nations où de sages institutions y garantissent à chacun indistinctement la liberté de sa personne, et la possession paisible pour lui et les siens des biens qu'il y aura importés, de ceux qu'il y aura acquis par ses travaux.

Il y a moins d'un demi-siècle qu'on y rencontrait de graves obstacles dans les législations existantes. Chez nous particulièrement, le droit d'aubaine qui y était en vigueur faisait craindre à l'étranger de venir y compromettre ses capitaux; le droit de le contraindre par corps lui donnait les mêmes craintes pour sa personne. Mais aussitôt que cette double barrière eut été levée, on vit affluer en France une foule d'individus des autres nations, pour y faire fructifier leur industrie : les uns vinrent enrichir nos manufactures de leurs précieuses inventions, les autres nous apportèrent le perfectionnement de leurs arts; heureuse compensation du long et immense préjudice qu'avait causé à notre patrie la funeste révocation de l'édit de Nantes !....

Ces notables améliorations opérées dans nos lois en faveur des étrangers, ont non seulement éprouvé les variations qu'ont subies les lois destinées à nous régir, mais encore il leur a été substitué, relativement aux personnes, des rigueurs que désavouent également la justice et la loyauté française.

La contrainte par corps, qu'on avait dû croire à jamais abolie en France, y fut rétablie. Les auteurs de la loi qui la remettait en vigueur, craignirent sans doute de blesser l'amour-propre national s'ils laissaient exister une exception pour les étrangers à ce mode barbare d'exécution ; et une loi spéciale fut rendue, ayant pour objet de la faire coïncider avec la loi générale dont elle avait été précédée, et qui devait former désormais le droit commun des Français en cette matière. Cette loi les soumit à la contrainte par corps pour toutes les espèces d'engagemens qu'ils contracteraient en France avec des Français, lorsqu'ils n'y posséderaient pas des propriétés foncières ou un établissement de commerce; mais l'application en était restreinte à leur égard aux cas où les Français pouvaient être contraints par cette voie, et pour les stipulations de même nature, s'ils offraient la garantie matérielle à laquelle ils étaient assujettis. Pour ce qui était des engagemens qu'ils avaient contractés en pays étranger, et dont l'exécution était réclamée en France, la contrainte ne pouvait être prononcée contre eux que dans les cas où elle avait lieu dans l'endroit où ils avaient contracté; par réciprocité, tout Français qui s'y était soumis en pays étranger à raison de ses obligations, était également contraignable en France.

Cette loi, toute rigoureuse qu'elle était, conservait encore une certaine mesure de justice. Mais l'état de guerre qui désola long-temps l'Europe nous ayant trop accoutumés à ne voir que des ennemis dans les étrangers, notre législation à leur égard se ressentit de l'influence des temps; et il fut rendu, le 10 septembre 1807, une nouvelle loi qui étendit les dispositions de la précédente et en augmenta les rigueurs. Désormais

tout jugement de condamnation, intervenu au
profit d'un Français contre un étranger non domicilié en France, dut emporter la contrainte par
corps. La même loi ne se borna pas à appliquer
ce mode sévère d'exécution à toutes les espèces
d'engagemens en général, mais elle consacra une
mesure de précaution dont plusieurs ont eu à
déplorer les effets, par laquelle elle permit l'arrestation provisoire de l'étranger non domicilié,
en vertu d'une simple ordonnance du président
du tribunal de première instance rendue sur la
requête du créancier français, avant le jugement
de condamnation et après l'échéance ou l'exigibilité de la dette. Elle n'admit d'exception à cette
règle que pour le cas où l'étranger justifierait
qu'il possédait en France un établissement connu,
ou des immeubles d'une valeur suffisante pour
assurer le paiement de la dette, ou s'il fournissait
pour caution une personne solvable et domiciliée
en France.

Dès cet instant, l'étranger qui essuya des revers de fortune, ou dont les spéculations ne réus-
sirent pas au gré de ses espérances; celui qui
éprouva des retards dans l'envoi des fonds desti-
nés à faire honneur à ses engagemens, ne trouvèrent plus d'autre asile que la prison chez une
nation qui se pique de générosité, et qui a l'ambition d'être réputée par son urbanité et par ses
vertus hospitalières : et comme la loi les concer-

nant n'assignait pas de terme à leur détention,
l'interprétation qu'elle a reçue des tribunaux ajoutant à ses rigueurs, lui a supposé le vœu qu'elle
restât illimitée, et qu'elle ne finît qu'avec la vie
des détenus si leurs ressources pécuniaires leur
refusaient le moyen de se libérer, ou s'ils ne par-
venaient à vaincre par leur résignation la dureté
de leurs créanciers. Ainsi l'on en trouve un certain nombre, dans la prison de Sainte-Pélagie, qui
comptent déjà plusieurs années de captivité ; et
un entre autres, vieillard aujourd'hui presque
octogénaire, qui y déplore depuis vingt-trois ans
la privation de sa liberté, sacrifiée à l'obstination
de son inflexible créancier.

On est réduit à se demander comment une loi
toute politique et de circonstance, à laquelle l'intérêt privé servit évidemment de prétexte, a pu
survivre à l'époque pour laquelle elle fut faite ?....
Cette loi ne fut qu'un acte intérieur d'hostilité
contre les gouvernemens avec lesquels nous étions
alors en guerre, un mode d'invention nouvelle
de leur faire des prisonniers sans coup férir. Il
est à peu près convenu qu'elle fut un effet particulier de la haine de Napoléon contre l'Angleterre, sur laquelle il essayait tous les moyens
d'assouvir le ressentiment que lui causait son invincible résistance. Comment donc après le retour de la paix en Europe, lorsque les rapports
d'amitié ont été rétablis entre les peuples que

l'ambition insatiable d'un seul homme avait rendus ennemis; comment cette loi a-t-elle pu continuer d'exister, et mêler ses dispositions hostiles à nos relations avec nos voisins qui continuent d'en être les victimes?.....

Ah! que Louis XVIII, d'immortelle mémoire, connaissait bien le besoin d'encourager ces relations et de lever les obstacles qui pouvaient y exister. Il savait qu'un des moyens d'augmenter la félicité des États, d'en faire fleurir le commerce, qui est l'une de ses plus abondantes sources de prospérité, consiste à y attirer les étrangers riches et industrieux par les avantages dont il leur est assuré d'y jouir. Monarque éclairé, il avait jugé les heureux effets qu'avait produits le décret abolitif du droit d'aubaine, si impolitiquement rétabli par le Code civil sur le fondement d'un système de réciprocité qu'il n'est pas toujours sage de suivre en législation; et la France lui fut redevable de la loi qui l'abolit de nouveau, en assimilant les étrangers aux nationaux dans la libre disposition de leurs biens et dans le droit de succéder. Ce retour à l'une des améliorations dans notre système politique dont la France avait déjà éprouvé le bienfait, faisait espérer de sa royale sollicitude qu'il voudrait faire participer les personnes des étrangers de la liberté dont ils jouissent relativement à leurs biens. Son âme généreuse eût été contristée de les laisser exposés

à être traités plus durement que ses sujets, de
voir violer légalement à leur égard les droits sacrés de l'hospitalité. Il ne fût point resté sourd à
la voix de l'humanité, qui réclame qu'il soit satisfait à ce besoin social ; et son successeur hono-
rera son règne par cet acte de philanthropie digne
de son noble caractère.

Ce n'est pas à la nation française qu'il appartient de donner l'exemple de la dureté dans celles
de ses lois qui règlent les rapports individuels et
d'intérêt des Français avec les étrangers. Il est
plus conforme à nos mœurs, au contraire, de ne
satisfaire qu'avec une répugnance prononcée à la
nécessité quelquefois obligée de rétorquer contre
eux les mesures de sévérité que leurs gouvernemens, par une funeste initiative, rendraient indispensables contre les individus qui leur appartiennent.

Il ne faut pas, pour servir l'intérêt particulier
de quelques créanciers français, nuire à l'intérêt
général, qui commande de favoriser l'arrivée et
le séjour en France des étrangers. Des rigueurs
mal comprises pourraient en éloigner l'homme
riche qui vient y dépenser son revenu, et le spé-
culateur qui vient y acheter le superflu de nos
productions territoriales et industrielles.

Tels sont les principes et les considérations qui
doivent présider à la confection des lois concernant les étrangers, sous le rapport de la politique,

de l'intérêt général et de l'intérêt individuel. Mais, sous le rapport de la morale publique et de la charité chrétienne, de quel œil verra-t-on déployer une égale rigueur contre l'étranger riche qui n'ayant pas proportionné sa dépense aux forces de son revenu, contre celui qui ayant été trompé dans les résultats de ses spéculations, sont obligés de recourir au crédit, et contre le malheureux réfugié qui, en attendant sur notre sol hospitalier la fin de telle ou telle tyrannie pour retourner dans ses foyers, a été forcé d'y contracter des dettes pour y soutenir sa misérable existence?..... La qualité d'étranger ne doit-elle donc éveiller que notre méfiance? Faut-il que la loi nous donne l'exemple d'une constante sévérité à l'égard de tous ceux qui ne sont pas Français?..... La Divinité n'a point fait d'étrangers; tous les hommes sont également ses enfans. Ils sont tous frères à ses yeux : elle leur commande de s'aimer comme tels, de compatir réciproquement à leurs maux, de se soulager mutuellement dans leurs infortunes. Elle leur impose partout les mêmes devoirs de charité à remplir les uns envers les autres. *Qui viderit fratrem suum necessitatem habere et clauserit viscera sua ab eo, quomodo charitas Dei manet in eo* (1)? Or, y a-t-il rien de plus contraire à cette charité dont il n'est pas

---

(1) *Ep. Sancti Joan.*, ch. 3

permis au législateur de manquer, que le droit
rigoureux accordé au créancier français de faire
arrêter sans jugement préalable son débiteur,
par la seule raison qu'il sera né sur les bords du
Danube ou de la Tamise, au lieu d'être né sur les
bords de la Seine?.....

L'emprisonnement provisoire de l'étranger est
un acte d'une suprême injustice.

La durée illimitée de sa détention, en vertu
du jugement qui le condamne à payer, est un
acte de barbarie atroce, puisqu'elle peut ne finir
qu'avec la vie.

Et qu'on ne croie pas avoir satisfait aux exi-
gences de la raison, à celles de la justice, lorsqu'elles demandent compte des motifs de pareilles rigueurs, en disant « que la mauvaise foi
« est plus probable chez l'étranger que chez le
« Français; que celui dont le domicile est hors
« de France pourrait se jouer des obligations
« qu'il aurait contractées envers un Français, s'il
« n'était en quelque façon hypothéqué sur sa
« personne; que lorsqu'il serait libéré de son
« emprisonnement, il irait porter ailleurs son in-
« dustrie, qui ne profiterait plus à ses créanciers;
« qu'on ne pourrait le suivre et le surveiller hors
« de France; et que ce qu'il acquerrait ne pourrait
« plus devenir le gage de ses anciennes dettes... »

La supposition de mauvaise foi est odieuse;
elle est repoussée en termes généraux par un

principe de notre droit auquel il serait peu généreux d'établir une exception contre les étrangers;
elle ne se présume pas, elle doit être prouvée.
Les probabilités, les conjectures dans lesquelles
on voudrait puiser les raisons de justifier cette
exception, sont impuissantes pour faire fléchir le
principe, pour motiver l'application d'une peine
aussi dure que la privation de la liberté. Cette
vérité fut aperçue à la Chambre des Pairs, dans
la discussion qui eut lieu à l'occasion du projet
de loi qui lui fut présenté sur la contrainte par
corps. On y sentit le besoin de se relâcher de la
rigueur excessive dont le législateur de 1807
avait usé contre les étrangers. On y fit observer
que, si les crimes et les délits commis par ceux-
ci ou par des régnicoles n'étaient punis que des
mêmes peines, il n'y avait pas de raison de traiter
plus durement les uns que les autres lorsqu'il
s'agissait d'une simple lésion dans des intérêts
privés. Mais la Chambre, en adoptant la nouvelle
loi, se borna à tempérer l'extrême rigueur de
la précédente. Cependant, puisqu'on reconnais-
sait la nécessité d'assimiler les étrangers aux
Français, on ne devrait plus hésiter à détruire le
mal dans sa racine, au lieu d'admettre seulement
un tempérament qui laisse toujours exister dans
l'action de la justice une inégalité, une partialité
qui font méconnaître son caractère.

Que l'étranger reste au milieu de nous libre

de sa personne, dans tous les cas où celle du
Français ne peut être atteinte ; qu'il ne puisse être
contraint par corps qu'à raison des obligations
pour lesquelles le Français est aussi soumis à
cette contrainte, avec la même mesure, et en y
observant les mêmes formes !.. alors seulement la
justice et l'humanité seront satisfaites ; alors seulement notre législation concernant les étrangers
sera à l'abri du reproche de bizarrerie dans ses
dispositions, dont les unes les assimilent pleinement aux Français, et les autres établissent entre
eux une différence qui blesse l'honneur national.

CHAPITRE X.

*De la contrainte par corps comparée aux autres
modes d'exécution. Raisons qui doivent empé-
cher qu'elle puisse être exercée cumulative-
ment avec ceux-ci, et qu'il en soit usé contre
les débiteurs avant qu'ils aient été exécutés
dans leurs biens.*

La loi a sagement entouré les obligations de
garanties propres à en assurer l'effet que les parties ont eu la volonté de leur donner : l'ordre public et la prospérité des familles y étaient également intéressés.

Il est juste, sans doute, que nul ne puisse s'enrichir au préjudice d'autrui, et que les biens de
celui qui contracte des engagemens deviennent
le gage de ses créanciers. Ceux-ci doivent pouvoir les faire vendre, et s'en distribuer le prix
pour se payer de ce qui leur est dû.

A chacun suffit sa peine : le débiteur doit subir
les variations de sa fortune, et les conséquences
de ses fausses spéculations ; et le créancier ne doit
se trouver exposé à perdre, que lorsqu'il y a insuffisance dans la valeur du gage qui lui était affecté.

Si l'intérêt du créancier a excité la sollicitude du législateur, il n'est pas resté indifférent sur celui du débiteur malheureux; et s'il a accordé au premier le droit de dépouiller le second de ses biens, comme moyen de le forcer à remplir ses engagemens, il n'a pas voulu pourtant que sa ruine pût être arbitrairement consommée lorsqu'il serait possible de l'éviter. Sa paternelle prévoyance ne lui a pas permis de sacrifier à l'aisance de l'un toutes les ressources de l'autre. C'est pourquoi, lorsque l'expropriation forcée des immeubles appartenant à celui-ci est poursuivie, il a la faculté de l'arrêter en faisant l'offre d'en abandonner le revenu au créancier poursuivant, si la valeur de ce revenu pendant un an égale le montant de la dette en principal et accessoires; et les juges peuvent, dans ce cas, ordonner le sursis des poursuites (1). S'agit-il d'une exécution sur des sommes d'argent ou sur des meubles?... il n'est pas permis d'étendre ses rigueurs jusqu'à priver le débiteur de ce qu'il possède à titre d'alimens, ni de le réduire tout à coup au désespoir en lui enlevant tous ses moyens d'existence et ceux d'utiliser à l'avenir son industrie. On doit lui laisser les livres relatifs à sa profession, ou les instrumens servant à l'exercice de son art, jusqu'à concurrence de la somme de 3oo fr.;

---

(1) *Code Civil*, art. 2212.

les lits à son usage et à celui de sa famille, et les denrées nécessaires à leur consommation pendant un mois. (1)

Si c'est un mineur dont on menace d'exproprier les immeubles, la vente en est défendue avant la discussion de son mobilier (2). La loi n'a pas voulu se reposer ici du soin de protéger la faiblesse de son âge sur le tuteur qui lui est donné, ni sur les magistrats auxquels elle l'a spécialement confié; elle a voulu s'en charger, et prévenir elle-même la trop facile spoliation de ses propriétés foncières.

Toutes ces dispositions portent l'empreinte du vif intérêt que le législateur accorde au malheur, et du sentiment de commisération qui l'a excité à faire en faveur du débiteur de généreuses réserves dans les exécutions auxquelles il peut se trouver en proie. Il a su dans ces diverses circonstances concilier les droits du créancier avec ce qui est dû à l'infortune.

Comment donc a-t-il pu cesser d'être mu par le même sentiment, et déployer une sévérité qui n'admet aucune sorte de tempérament, lorsqu'il s'agit de priver le débiteur de son bien le plus précieux, de la liberté de sa personne?... L'homme serait-il donc moins digne de ménagemens, lors-

---

(1) *Code de Procédure civile*, art. 592.

(2) *Code Civil*, art. 2206.

qu'il est exposé à la plus dure des exécutions?...
Et faut-il penser que sa liberté soit d'un moins
grand prix aux yeux de la loi, que quelques ar-
pens de terrain dont elle lui donne les moyens
d'arrêter la vente à l'aide d'un paiement éloigné
auquel le créancier est obligé de se résigner,
tandis que la même faculté ne lui est point accordée pour retarder son emprisonnement, qui
ne peut être empêché que par le paiement actuel et intégral de sa dette?... La loi manifeste
toujours une salutaire répugnance à le laisser
dépouiller de ce qu'il possède, lorsqu'il est réduit à l'impuissance de remplir ses obligations,
elle prend encore en considération ses besoins,
et ceux de la famille dont il est le soutien; elle
ne veut pas qu'il soit tout à coup privé des objets de première nécessité, ni des moyens de continuer à se les procurer par son travail. Mais elle
s'arme d'une inflexible dureté, dans tous les cas
où elle permet d'exercer sur sa personne la plus
rigoureuse des contraintes : elle n'a plus égard
aux besoins de l'individu, ni à ceux de sa famille;
elle ne lui accorde plus que ce qui est absolument indispensable pour l'empêcher de mourir
de faim; elle ne s'inquiète plus de l'état d'abandon et de misère dans lequel ses enfans vont se
trouver plongés; elle paralyse les ressources qu'il
obtiendrait et pour eux et pour lui dans l'exercice de son industrie, en le condamnant à une

captivité oisive où il ne trouve de distraction et de consolation à ses maux que dans le sentiment de ses douleurs.

Si le débiteur est un mineur commerçant, la loi cesse de le couvrir de son égide tutélaire. Déclaré par elle contraignable par corps, à raison de son commerce et des engagemens qu'il a contractés pour ses affaires commerciales, il ne doit pas espérer pour sa personne la protection qui lui est accordée pour ses biens. Il peut s'opposer à la vente de ceux-ci par les voies que nous avons indiquées; mais cette faveur lui est refusée pour empêcher son incarcération. La prison, toujours la prison, sans qu'il puisse s'y soustraire : telle est la perspective offerte au jeune homme inexpérimenté qui n'aura pas obtenu de succès dans ses entreprises, ou dont toutes les ressources auront été absorbées par des malheurs et des revers qu'il ne dépendait pas de lui de prévoir. Ses créanciers, pressés de se livrer à des exécutions rigoureuses, eussent été forcés de réprimer leur impatience, s'ils les avaient dirigées sur ses immeubles dont le prix eût pu suffire en définitive pour les satisfaire, ils s'attaquent à sa personne, que la loi leur livre sans défense, et l'on est réduit à déplorer que la mesure conservatrice de ses biens ne lui offre pas aussi une garantie contre les atteintes à sa liberté.

Nous aurions de la peine à persuader l'exis-

tence de pareilles anomalies dans notre législation, si nous n'avions eu le soin de rapprocher
les dispositions d'où elles résultent; et l'on s'ex-
pliquera difficilement la cause des sentimens différens dont le législateur a été animé, en réglant
l'emploi des divers modes d'exécutions dont les
créanciers peuvent user envers leurs débiteurs.
Il serait raisonnable de penser que ceux-ci devraient être plus rarement exposés à les voir
exercer contre eux, en proportion de ce qu'elles
sont plus rigoureuses, et que la loi devrait, lorsqu'il s'agit de leur liberté, leur offrir des ressources pour y obtenir une certaine modération,
comme elle a fait dans les cas où les poursuites
ne sont dirigées que contre leurs biens. C'est
dans cette vue qu'il serait à désirer que le législateur n'autorisât l'exécution la plus dure qu'a-
près que celles qui le sont moins auraient été
successivement épuisées sans que le créancier eût
pu y obtenir le paiement de ce qui lui est dû.

Si les affaires domestiques exigent l'œil du
maître, si son absence est toujours nuisible à leur
plus grande prospérité, que doit-ce être lorsque
cette absence forcée est occasionnée par une cause
qui entraîne toujours avec elle au moins une certaine défaveur, quoiqu'il soit convenu qu'elle n'ait
rien de déshonorant. L'expérience nous apprend
qu'un homme en prison ne conserve plus l'autorité
qui lui appartenait dans l'administration de ses

affaires avant qu'il fût privé de sa liberté. Bien loin de compatir à son malheur, il semble en général que chacun cherche à l'aggraver, pour peu que sa détention soit prolongée ; ses débiteurs en profitent pour ne pas le payer ; les travaux de ses ateliers languissent ; la culture de ses propriétés reste négligée ; ses produits manufacturiers s'écoulent lentement ; ses denrées ne trouvent pas d'acheteurs. Réduit à une incapacité de fait, toutes ses combinaisons pour échapper au naufrage dont il est menacé viennent se briser contre les verroux sous lesquels il est retenu captif. Il voit toutes ses ressources s'évanouir. Les biens qu'il possède ne tarderont pas à être vendus ; mais la déconsidération qu'une odieuse exécution a jetée sur lui s'étendra à tout ce qui le touche, et ce sera à qui en offrira le prix le plus bas. Il a cessé d'être le même homme aux yeux de ses semblables depuis que les sbires du commerce ont porté la main sur sa personne. Chaque citoyen, quel que soit son rang et sa fortune, a par lui-même, par son talent, par sa position sociale, une valeur intrinsèque qui est sensiblement altérée par cet acte de contrainte ; et la baisse qu'il éprouve dans le prix moral attaché à son individu, se communique à sa famille et à tout ce qui lui appartient. Le créancier qui use de cette voie d'exécution avant d'avoir tenté l'effet des autres qui lui sont ouvertes par la loi, fait donc son propre préjudice en causant celui de son débiteur; et il serait de la prévoyance du législateur d'obvier à un inconvénient aussi grave. La morale, d'accord avec l'exacte justice, lui signalerait la nécessité d'apporter dans la déplorable faculté accordée au créancier de priver son débiteur de la liberté, le même esprit d'économie qu'on remarque dans la loi relative à l'expropriation forcée des immeubles.

La contrainte par corps, employée comme *épreuve* pour forcer le débiteur à faire la révélation des ressources qu'il est présumé tenir cachées, n'est qu'un acte de rigueur prématuré; et, comme *peine*, elle est un acte d'injustice: lorsqu'il y a des biens en évidence, il ne devrait être permis de recourir à ce moyen sévère que lorsqu'il serait prouvé que le créancier aurait épuisé ou vainement tenté tous les autres qui lui sont offerts par la loi. C'est pourquoi il devrait être établi une gradation dans les exécutions autorisées contre le débiteur pour le contraindre au paiement de sa dette. Ainsi, il serait raisonnable et moral tout à la fois de n'autoriser l'usage de la contrainte par corps, qu'à la charge par le créancier de justifier, par un procès-verbal de carence, qu'il n'existe pas de mobilier saisissable; et, par un certificat négatif du receveur des contributions, que le débiteur ne possède ni immeubles ni établissement de commerce. Il ne

devrait pas être toléré que des exécutions pussent être concurremment exercées sur les biens
et sur la personne; et le débiteur devrait pouvoir, en tout état de cause, obtenir un sursis à
l'exercice de la contrainte, comme il lui est permis d'arrêter la vente de ses immeubles par la
délégation de son revenu ou de ses créances ac-
tives, ou par l'offre de vendre dans un délai
assigné ses meubles et ses immeubles, avec affectation du prix au paiement de ses dettes.

Cette salutaire innovation rendrait plus rares
les atteintes légales à la liberté des personnes.
La loi de la contrainte par corps cesserait d'être
un instrument de colère ou de vengeance entre
les mains d'un créancier dur et irascible: elle
ne serait plus réellement qu'un acte d'exécution
forcée qui, renfermé dans de justes limites, et
accompagné des sages précautions commandées
par un sentiment d'humanité, ne blesserait plus
autant la morale et la justice humaine, si des
raisons d'intérêt privé doivent continuer d'être
un obstacle à son abrogation entière.

CHAPITRE XI.

L'application de la contrainte par corps doit-elle être obligée *ou* facultative ?.... *Doit-elle rester dans les attributions des tribunaux ordinaires ? n'est-il pas plus convenable de l'en retirer pour la placer dans celles des tribunaux correctionnels ?....*

Une loi est essentiellement mauvaise, tyrannique et injuste, lorsqu'elle commande l'application aveugle d'une peine toujours uniforme, toujours égale dans sa durée, comme conséquence nécessaire et inévitable d'un fait, abstraction faite de ses circonstances; lorsque les tribunaux chargés de faire cette application se trouvent liés d'avance par ses dispositions impératives ; lorsqu'il n'est pas permis aux juges d'examiner, de comparer, de peser les causes qui peuvent y donner lieu. Les tribunaux ne doivent pas être appelés à constater seulement la matérialité d'une action ; et c'est les dégrader de la plus noble partie de leurs attributions, que d'en retrancher ce qui est du domaine de l'intelligence. Il ne faut pas que les juges soient étroitement circonscrits dans le cercle de la loi ; car elle ne saurait ana-

lyser tous les détails, prévoir toutes les circonstances, ni apprécier toutes les considérations
qui peuvent se présenter dans les causes variées
à l'infini : ils sont, lorsqu'il s'agit de peines à
infliger, de véritables jurés qui ne consultent que
leur conscience, qui ne connaissent d'autres limites que celles qui leur sont tracées par elle.

Ces réflexions ne seront pas jugées déplacées
à propos de la contrainte par corps, qui porte
avec elle un caractère de pénalité, soit qu'on la
considère comme une simple épreuve à laquelle
le débiteur est soumis, ou comme le châtiment
de sa mauvaise foi présumée. Quoi! un homme
serait toujours punissable par cela seul qu'il ne
pourrait pas payer, sans qu'il fût permis de s'enquérir si son impuissance est réelle et l'effet du
malheur; ou si elle n'est que simulée et le résultat d'un calcul coupable, qui aurait pour objet
de s'enrichir au détriment de ses créanciers !....
Et l'intention ne serait comptée pour rien dans
un fait purement civil, tandis que, dans les cas
les plus graves, elle donne lieu aux plus sévères
investigations pour déterminer le degré de gravité du crime ou du délit !...Un tel système serait
frappé de réprobation par l'opinion publique ;
et les rigueurs de la loi qui le consacreraient
manqueraient nécessairement leur but.

La contrainte par corps, odieuse de sa nature,
et toujours désastreuse dans ses effets, ne doit

pas être inconsidérément prodiguée. Il doit être
facultatif au créancier de la demander, et aux
juges de l'accorder ou de la refuser : il ne doit y
avoir lieu de la prononcer que lorsqu'elle a été
formellement libellée dans une demande motivée
sur des faits caractéristiques de la mauvaise foi,
et lorsque la preuve en est acquise de manière
à ne plus permettre d'en douter. Telle qu'elle est
appliquée aujourd'hui par les tribunaux, sur la
simple vue de l'effet dont le paiement est réclamé, elle n'est, comme l'a dit un noble pair,
« qu'une affaire de protocole dans laquelle la ré-
« flexion n'est point admise à intervenir. » Et,
certes, ce n'est point avec cette légèreté, avec
cette indifférence, que devraient être rendus les
trop nombreux jugemens de condamnation à la
privation de la liberté que prononcent journellement les tribunaux de commerce du royaume,
et notamment celui de la capitale.

La matérialité d'une action nuisible à autrui
ne suffit pas pour constituer la culpabilité de
celui à qui elle est imputée, en l'absence de la
volonté de nuire. L'homme qui emprunte de l'argent ne mérite pas même de reproche pour ce
seul fait; il peut être aussi exempt de blâme,
quoiqu'il ne rembourse pas l'argent qu'il a emprunté au terme fixé pour le paiement. La loi qui
soumet à la contrainte par corps le débiteur qui
ne paie pas, et parce qu'il aurait contracté une

obligation d'une nature particulière, est donc évidemment une loi injuste; puisqu'elle confond dans ses rigueurs celui qui ne peut pas payer, avec celui qui ne veut pas payer. Une telle confusion subversive des règles de la justice, doit faire sentir suffisamment la nécessité de laisser au juge la faculté de ne pas l'appliquer contre le premier, et de ne l'appliquer que contre le second.

Un prêt d'argent est toujours déterminé par la garantie réelle, ou par la garantie morale, qui sont offertes par l'emprunteur. Dans l'un comme dans l'autre cas, le prêteur a à s'imputer de s'être contenté de cette garantie, dans laquelle il a trouvé une assurance suffisante de son remboursement. La contrainte par corps, accessoire à l'obligation, n'a pu être pour lui une cause déterminante du prêt. Un homme n'avancerait point son argent, il n'ouvrirait point un crédit à un autre, s'il n'avait la confiance d'en être remboursé; et s'il n'avait, au lieu de l'espoir du paiement, que celui d'être obligé de nourrir son débiteur en prison pendant un espace de temps plus ou moins long. La contrainte peut d'autant moins être considérée comme une des garanties du paiement, que la personne du débiteur ne peut être mise à prix : elle n'est qu'un moyen de punir celui-ci de sa mauvaise foi, ou de le forcer à remplir ses engagemens lorsqu'il s'y refuse, ayant des moyens connus ou présumés d'y satisfaire :

8

l'application ne doit donc en être permise que dans l'une de ces hypothèses.

L'emprunteur peut s'être trompé de bonne foi sur l'étendue de ses ressources; mais le prêteur prudent, qui aura nécessairement voulu les connaître avant de lui accorder du crédit ou de l'argent, a partagé son erreur : des espérances fondées sur le succès probable d'une entreprise peuvent ne s'être pas réalisées, et cependant la probabilité de ce succès avoir déterminé la confiance du prêteur.... Dans ces deux catégories, celui-ci ne saurait adresser un reproche fondé à son débiteur, puisque le même reproche pourrait lui être fait; à combien plus forte raison devrait-il être refusé à ce créancier le droit de le contraindre par corps, qui ne serait réellement alors qu'une insigne vexation ajoutée à son infortune !....

L'exécution sur la personne du débiteur, si l'on doit avoir encore à déplorer cet acte de barbarie, devrait ne pouvoir être exercée que lorsqu'il y a véritablement *faute grave*, *quasi-délit* ou *délit*, dans son fait; lorsque sa conduite peut être justement taxée d'imprudence ou de mauvaise foi, à l'époque de l'emprunt ou à l'époque du paiement; s'il était prouvé qu'il eût surpris par dol ou par adresse la confiance ou la crédulité du prêteur, en lui présentant un tableau mensonger de ses ressources ou des espérances qu'il savait bien ne pouvoir pas réaliser ; lorsque les circonstances fournissant la certitude, au moins morale, qu'il a les moyens de remplir ses obligations, il refuse de les employer dans la vue de les faire tourner à son profit personnel. De là, la nécessité d'user d'investigations pour connaître les circonstances qui ont accompagné l'emprunt, et les motifs qui empêchent le débiteur de payer. Une cause innocente ne doit pas pouvoir produire un résultat coupable : l'homme qui n'acquitte pas sa dette ne devrait être contraignable par corps que lorsque, étant prouvé ou du moins vraisemblable qu'il pourrait payer, il ne paie cependant pas. Mais s'il était constant qu'il fût réduit à l'impuissance de se libérer, la contrainte comme *épreuve* serait une barbare inutilité ; comme *peine*, elle serait une atroce injustice.

La célérité qu'il est nécessaire de mettre dans la distribution de la justice en matières commerciales, est peu compatible, sans doute, avec la sage lenteur qu'il convient d'apporter dans la préparation du jugement en vertu duquel le débiteur pourra être privé de sa liberté. C'est pourquoi il serait à propos, pour concilier le vœu de l'humanité avec les intérêts privés, trop souvent sourds à sa voix, de placer dans les attributions des tribunaux de police correctionnelle l'application de la contrainte par corps : elle ne serait plus

dès-lors une simple *affaire de protocole*, mais
l'objet d'une condamnation solennelle, qui ferait
une impression d'autant plus grande sur l'individu, et qui serait d'autant plus salutaire, qu'elle
ne frapperait plus indistinctement l'homme qui
ne fut que malheureux, et celui qui fut impru-
dent ou de mauvaise foi.

Il est d'ailleurs plus conforme aux principes
qui règlent l'ordre des juridictions, de restreindre
l'autorité des tribunaux de commerce uniquement
à la connaissance des choses et des opérations commerciales; et de ne plus permettre
qu'elle puisse être étendue à ce qui touche la liberté des personnes, qu'il est non moins important
de ne point voir compromettre, que leurs qualités, sur lesquelles il est défendu à ces tribunaux
de statuer lorsqu'il s'élève des contestations à
leur occasion (1). Cette mesure est à souhaiter
aussi sous le rapport de l'impartialité qui doit
présider aux décrets de la justice, qui n'aura pas
à gémir de l'influence que pourraient exercer sur
les jugemens des intérêts froissés et de même
nature que ceux qui seraient agités devant ces
tribunaux.

S'il est des cas dans lesquels leur décision doit
demeurer suspendue, et où ils sont obligés de
renvoyer les parties devant les tribunaux ordi-

(1) Art. 426 du *Code de Procédure civile.*

naires (1); il y aurait bien moins d'inconvénient à exiger ce renvoi devant les tribunaux correctionnels pour l'application de la contrainte, puisque leur action n'en serait point ralentie. Au reste, pourquoi en userait-on différemment à l'égard du débiteur qui ne paie pas, qu'à l'égard du débiteur failli qui est mis en prévention de banqueroute simple (2)?..... Le premier serait-il donc moins digne d'indulgence que le second, et celui-ci mérite-t-il mieux d'obtenir les facilités de justifier sa conduite?..... Pourquoi refuserait-on à l'un les moyens que l'on accorde à l'autre, de soumettre à l'appréciation des tribunaux les causes qui occasionnent l'inaccomplissement de ses obligations?... Sur quel fondement pourrait-on établir une différence dans leur traitement, et dans la forme du jugement qui doit leur en faire l'application?..... Il existe cependant une grande analogie dans leur condition; il s'agit également de connaître ce qui a pu donner lieu à leur dérangement ou causer leurs malheurs; et il n'est question, en définitive, que de la réparation d'un dommage privé auquel on ne doit pas, dans un cas, sacrifier aveuglément et sans modération la liberté de l'individu, tandis que, dans l'autre, on y apporte de sages précautions et un juste tem-

---

(1) Art. 426 et 427 du *Code de Procédure civile.*
(2) Art. 588 du *Code de Commerce.*

pérament. L'inflexibilité de la loi, à l'égard du
débiteur qui ne paie pas, blesserait les règles de
l'équité, puisqu'elle se montrerait plus dure envers lui qu'à l'égard du failli, contre lequel s'élèvent ordinairement des présomptions non moins
défavorables que contre le premier. Il serait plus
raisonnable et plus juste sans doute, d'admettre
que des causes analogues doivent produire des
effets semblables ; et la loi serait mise à l'abri du
reproche fondé d'avoir refusé son secours à l'infortune ou à l'imprudence, et de les avoir frap-
pées de la même disgrâce que la mauvaise foi,
dont les actes méritent toujours une peine plus
rigoureuse.

Les mêmes motifs et les mêmes considérations
devraient déterminer aussi à faire faire, par les
tribunaux de police correctionnelle, l'application de la contrainte par corps aux individus que
le Code Civil a voulu y soumettre; avec d'autant
plus de raison que plusieurs des faits auxquels
est attachée la privation de la liberté, tels que
le stellionat, la violation du dépôt nécessaire, le
détournement des deniers par des personnes publiques, et celui des choses déposées aux gardiens
judiciaires, présentent le caractère de véritables
délits. Mais la loi devrait également, à l'égard de
ceux-ci comme à l'égard du débiteur qui ne paie
pas ce qu'il doit, laisser au juge un pouvoir discrétionnaire, en vertu duquel il aurait la faculté

d'apprécier les circonstances et d'accorder la contrainte dans de justes limites ; ou de la refuser, selon qu'il jugerait que la peine est méritée, ou qu'elle lui paraîtrait ne devoir produire d'autre résultat que celui de satisfaire la passion du créancier.

Lorsqu'une peine est appliquée avec discernement, l'homme lui-même qui est condamné à la subir n'élève aucune plainte contre ses juges. Quel que soit le genre de délit ou la faute qui la lui a attirée, il trouve dans sa conscience un tribunal qui ratifie la sentence prononcée contre lui : c'est pourquoi plusieurs donnent l'exemple de la résistance au recours en cassation contre les arrêts dont ils reconnaissent la justice. S'agit-il, au contraire, d'une peine dont l'application serait commandée par la loi, sans permettre l'examen de l'intention qui fut le mobile de l'action qu'elle est destinée à punir, elle révoltera même le plus coupable, parce qu'il ne lui sera pas démontré par le jugement qu'il l'avait justement encourue. A plus forte raison doit-il être permis de se plaindre de la rigueur aveugle de la loi, au débiteur malheureux dont elle livre la personne à la merci d'un créancier sans pitié, et dont la voix implorerait vainement la commisération des tribunaux, qui n'ont d'autorité que pour le contraindre, et jamais pour soulager son infortune.....

CHAPITRE XII.

Des causes qui doivent exempter de la contrainte par corps, et de celles qui doivent procurer l'élargissement du débiteur incarcéré ; — Du sexe, de l'âge, de la parenté ; — Du paiement, du consentement du créancier, du manque d'alimens, de la cession des biens ; — Des effets du plus long terme de la détention ; — De la prescription.

S'il est de justes causes qui doivent faire cesser la captivité du débiteur dont la liberté aura été sacrifiée à l'exigence de ses créanciers, il en est aussi qui doivent être un obstacle à ce qu'il leur soit accordé cette déplorable satisfaction.

Dans le nombre des personnes en faveur desquelles il est nécessaire d'introduire le privilége d'exemption de la contrainte par corps, il faut classer en première ligne celles du sexe, que la loi divine et la loi civile nous commandent de protéger et de défendre, et dont la fragilité trouve son principal appui dans notre force. La femme, naturellement faible et timide, ne devrait point être exposée à éprouver dans sa personne la sévérité des lois destinées à régir les intérêts privés; l'homme ne peut, sans blesser l'humanité et les convenances sociales, la faire participer à la dureté de ses institutions : celui qui a été créé son protecteur, n'a pas le droit de devenir son oppresseur. Il ne peut, sans se rendre coupable d'ingratitude, exercer ses rigueurs contre celle qui le produisit à la vie au péril de la sienne, qui l'alimenta de son sang et lui prodigua les plus tendres soins dans son enfance, qui fait le charme des plus belles années de son existence, et qui lui ménage encore des secours et des consolations au milieu des infirmités de la vieillesse. L'exercice de la contrainte par corps contre la femme est, selon nos mœurs, une sorte d'attentat à la pudeur; et la délicatesse de nos sentimens est révoltée de ce que les exécuteurs des mandemens de la justice peuvent porter leurs mains, *au nom du Roi*, sur celles qui sont en général les objets de notre amour et de notre respect, et pour qui le Français professe une espèce de culte.

Si la loi civile fait un outrage aux droits naturels de l'homme, lorsque, par une singulière contradiction, elle établit la vénalité de celui dont elle reconnaît l'inaliénabilité dans plusieurs de ses dispositions; elle viole tout ce qu'il y a de plus saint en soumettant à la même exception la femme, qui ne saurait être remplacée dans l'emploi qui lui est assigné par la nature au milieu de la création. En effet, qui pourrait remplir le vide que laisse dans sa famille celle qui lui est ravie en vertu du jugement qui permet la séquestration de sa personne? qui suppléera les soins empressés que ses jeunes enfans réclament de sa tendresse maternelle?..... Faudra-t-il que ceux-ci aillent partager les misères et les douleurs de sa captivité; que les verroux d'une prison soient les hochets de leur premier âge; que le séjour qui devrait être exclusivement réservé aux malfaiteurs soit le berceau de leur innocence; et que leur première éducation commence à l'école du malheur, d'où il est possible qu'ils rapportent des impressions et des habitudes funestes?..... Le législateur ne saurait n'être point touché de ces résultats, dont nous pourrions citer plus d'un exemple; et ils seront pour lui un puissant motif de réfléchir sur les dangers d'appliquer la contrainte par corps à un sexe dont les destinées exercent une si grande influence sur le nôtre.

La loi ne doit dépouiller sa puissance tutélaire à l'égard des femmes, pour s'armer de sévérité contre elles, que lorsque l'ordre public et les bonnes mœurs en font sentir l'indispensable nécessité; et seulement contre celles qui, faisant abnégation des vertus de leur sexe, veulent participer à tous les vices auxquels le nôtre est plus enclin. La raison de l'intérêt général doit pouvoir seule faire taire le sentiment des convenances;

mais, en l'absence de cette raison, les femmes doivent toujours obtenir même de la loi, qui est l'ouvrage des hommes, les égards et les ménagemens qui ne leur sont jamais refusés dans nos relations sociales.

La faiblesse de l'âge doit aussi trouver grâce aux yeux d'une loi qui suppose ordinairement, dans celui qu'elle veut atteindre, un certain degré de méchanceté, auquel ne peut être parvenu le jeune homme qui débute dans la carrière de la vie : et puisque cette loi ne soumet l'individu aux rigueurs de la contrainte par corps qu'en haine de la mauvaise foi qu'il est présumé apporter dans l'exécution de ses engagemens, ces rigueurs ne devraient pas être applicables à celui contre lequel cette présomption ne saurait raisonnablement être élevée. Nous naissons tous avec un égal penchant au bien et au mal ; mais l'intérêt attaché à notre bien-être et à notre conservation, nous porte naturellement à pratiquer l'un et à éviter l'autre : notre raison, en se développant, nous confirme dans ce choix, et nous révèle des motifs plus sublimes et plus puissans de cette préférence. L'homme ne devient méchant que par ses fréquentations, par la contagion de l'exemple ; il n'acquiert la dissimulation qu'après avoir long-temps usé de la vie ; ce n'est qu'après avoir été souvent trompé, qu'il peut devenir capable de tromper les autres. Comment la loi pourrait-elle donc, sans injustice, assimiler à celui qui a vécu à l'école du monde, celui qui y fait à peine son entrée.... Par quelle étrange inconséquence voudrait-elle attribuer une maturité, qui ne s'acquiert que par l'expérience, au mineur de dix-huit ans, qui, s'il se fût rendu coupable d'un crime ou d'un délit deux ans auparavant, aurait pu être censé avoir agi *sans discernement* (1); et permettre qu'il soit traité avec la même sévérité qu'un homme consommé dans la connaissance des affaires, tandis que s'il eût été déclaré, dans le cas indiqué, qu'il avait agi *avec discernement*, il aurait été usé encore d'indulgence à son égard, en considération de la faiblesse de son âge (2).... Deux ans de plus d'existence dans cette période de la vie où le germe de la raison commence à peine à se développer, suffiraient-ils donc pour lui donner cette maturité par mandement de la loi? et l'émancipation qui l'aurait affranchi des liens de la tutelle pour en faire un négociant, et qui le réputerait majeur pour les faits de son commerce (3), aurait-elle la vertu magique de le douer tout à coup d'une capacité et d'une prudence qu'il n'est guère permis de lui supposer, et que la loi ne lui suppose pas

---

(1) Art. 66 du *Code pénal.*
(2) Art. 67, *ibid.*
(3) Art. 487 du *Code civil*, et 2 du *Code de Commerce.*

elle-même dans les cas ordinaires ; puisqu'elle pose en principe général qu'*il pourra être privé du bénéfice de l'émancipation*, lorsqu'il sera jugé par ses actes en avoir abusé, ou en user à son détriment (1)?... Il serait plus équitable, sans doute, de compatir encore à son inexpérience, qui peut l'induire à se faire illusion sur les moyens qu'il croyait avoir de remplir des engagemens contractés avec trop de confiance ; au lieu de le punir de son erreur comme on ferait celui qui a une longue habitude de calculer les chances de la fortune, et une capacité acquise pour combiner ses ressources avec une espèce de certitude. Ah ! si la loi devait déployer envers lui la même sévérité qu'à l'égard de ce dernier, qu'on le prive plutôt de la funeste facilité d'entrer prématurément dans une carrière où ses premiers pas pourraient n'être que des chutes, et où il courrait trop souvent le risque de compromettre à la fois sa fortune et sa liberté.

La vieillesse a droit aussi à jouir du privilége d'exemption de la contrainte par corps, que nous réclamons en faveur des femmes et des mineurs commerçans. Elle fut toujours respectée, non seulement chez les nations policées, mais encore chez les peuples sauvages. C'est sous ses traits qu'on a coutume de représenter à nos

(1) Art. 485 du *Code civil.*

yeux l'emblème de la Divinité. Une si haute vé-
nération se concilierait difficilement avec la faculté qui serait accordée au créancier d'un vieillard, de le faire appréhender au corps, et de le
traîner impitoyablement dans une prison. Cet
acte de violence sur sa personne serait à la fois
une irrévérence et un acte de cruauté insigne,
puisqu'il équivaudrait le plus souvent à un arrêt
de mort contre celui qui en serait l'objet. En
avançant vers le terme de la vie, non seulement
l'homme est moins propre à résister aux souffrances physiques et morales que l'emprisonnement entraîne avec lui, mais encore elles sont
aggravées par la privation des soins que la vieillesse et ses infirmités réclament.

Ces considérations portèrent le législateur à
mettre à l'abri des rigueurs de la loi, pour dettes
civiles, celui dont l'âge inspire naturellement le
respect et un sentiment d'intérêt pour la conservation des jours qui lui restent à vivre ; mais ce
bienfait lui est refusé pour dettes commerciales ;
comme si le commerce, qui civilise tout, devait
rester hors des limites de la civilisation; comme
s'il devait méconnaître les droits sacrés de l'humanité.... Toutefois, ce bienfait lui-même ne serait point digne d'une loi généreuse, parce qu'il
serait mesuré sur une échelle trop courte en
fixant à soixante-dix ans l'âge de la vieillesse. Cet
âge est le plus souvent voisin du terme de la vie;

et c'est communément à soixante ans que la vieillesse commence, amenant à sa suite l'affligeant cortége des maladies et des infirmités, qui préludent à la décomposition de notre être, en attendant le moment suprême assigné à son existence.

Il est sans doute des exceptions à cette règle, que nous ne prétendons pas établir d'une manière immuable ; et l'on rencontre des sexagénaires qui conservent pendant quelques années encore une certaine force de corps, et le libre usage des facultés de l'esprit. Mais la loi ne devrait pas fonder ses rigueurs sur cette exception ; elle devrait les restreindre dans les mêmes limites qu'elle assigne à ses faveurs. Ainsi, l'âge de soixante ans étant ordinairement celui qui est fixé pour les retraites dans les différentes branches du service public, elle ne devrait pas permettre que celui qui l'aurait atteint restât encore exposé aux tortures de la contrainte. L'homme qui est jugé n'avoir plus la force de supporter les fatigues d'un service actif, ne devrait plus pouvoir être offert en holocauste à ses créanciers. Les peines réelles attachées nécessairement à la position du débiteur sexagénaire, que son état d'insolvabilité menace d'accompagner au tombeau, sont assez grandes pour ne pas y ajouter encore des souffrances d'une autre nature, qui n'auraient d'autre objet que de procurer à son créancier l'atroce satisfaction de l'y précipiter plus vite.

Aux trois causes d'exemption de la contrainte que nous venons de signaler, il faut en ajouter une quatrième, qui se tire des liens de famille, par lesquels peuvent se trouver unis le débiteur et son créancier. Il serait d'une immoralité révoltante que le mari pût user d'un tel mode de coaction contre sa femme, la femme contre son mari, le père contre son fils, le fils contre son père, le frère contre son frère ou sa sœur. Le projet de loi qui fut présenté à la Chambre des Pairs contenait à cet égard une prohibition qu'il étendait fort sagement aux alliés aux mêmes degrés : il prévenait, par ce moyen, le scandale dont on a eu plus d'un exemple sous l'empire de la loi qui nous régit encore. L'intérêt domine tellement certains hommes, qu'il excite en eux des passions haineuses, capables d'étouffer dans leur cœur tous les sentimens de la nature. C'est pourquoi le législateur ne saurait user de trop de précautions pour prévenir les excès auxquels pourraient se porter, les uns envers les autres, ceux qu'unissent les rapports les plus intimes et les plus respectables. Sa prévoyance devrait même s'étendre jusqu'à empêcher qu'ils pussent y employer l'intermédiaire des tiers, sous le nom desquels ils chercheraient à satisfaire leur avarice ou leur ressentiment, comme on en a fait aussi la triste expérience.

L'âge avancé, que nous avons mis au nombre des causes d'exemption de la contrainte par corps, doit, par une conséquence nécessaire, procurer son élargissement au débiteur incarcéré, qui doit l'obtenir encore par le paiement de la dette pour laquelle il est détenu, par le consentement du créancier qui l'a fait emprisonner, et par l'effet de la cession de biens.

Mais faudra-t-il toujours que le paiement soit effectué réellement, et en totalité, de tout ce qui sera dû en principal, intérêts et frais?... A cet égard, une amélioration salutaire était proposée au sort du débiteur par le projet de loi, qui lui accordait son élargissement s'il payait, ou s'il consignait le tiers de sa dette en principal et accessoires, et s'il donnait caution de payer le surplus dans le délai d'un an. Mais cette amélioration elle-même serait renfermée dans des limites trop étroites : elle est susceptible d'une extension dont le créancier ne recevrait aucun préjudice, et qui fournirait au débiteur le moyen de recouvrer plus facilement sa liberté. La position de fortune de ce dernier peut avoir changé depuis son incarcération; il peut lui être échu une succession; mais cette succession peut ne consister qu'en immeubles, ou en capitaux, qui ne seraient pas immédiatement exigibles. Pourquoi, dans ce cas, au lieu d'un paiement actuel que l'état des choses rendrait impossible, ou d'une caution qui n'est

pas toujours facile à trouver, la loi n'accorderait-
elle pas son élargissement au débiteur, moyennant
son obligation de payer dans un an, et à la charge
par lui de fournir sur ses biens une hypothèque
suffisante pour le montant de sa dette, en principal et accessoires?... Pourquoi, encore, ne pour-
rait-il pas se libérer à l'aide d'une délégation sur
ses propres débiteurs à son créancier, à qui la
loi imposerait l'obligation de l'accepter?... Celui-
ci, quelque faveur qu'il mérite, ne doit jamais
pouvoir exiger l'impossible, et la liberté du débiteur incarcéré, qui n'est pas digne de moins de
faveur, est une cause légitime de faciliter la libération de ce dernier par tous les moyens qui sont
en son pouvoir.

Son élargissement ne doit plus éprouver d'obstacle, lorsque le créancier qui le détient y donne
son consentement. Mais comme l'homme privé
de sa liberté ne saurait y être trop tôt ni trop
promptement rendu, on ne saurait trop simplifier les formes qui doivent lui faire ouvrir les
portes de sa prison. Une simple déclaration du
créancier, inscrite par lui ou par son fondé de
pouvoirs sur le registre de l'écrou, ou faite devant notaires et remise par le débiteur lui-même
au geolier, qui l'annexera à ce registre, devrait
suffire à cet effet, sans qu'il fût besoin d'y employer l'intervention d'un garde du commerce
ou d'un huissier, comme on le pratique à Paris.

Le défaut de consignation *mensuelle* et *par avance* des alimens que le créancier est obligé de fournir au débiteur, est sans contredit une des plus justes causes de son élargissement; et une fois qu'il aurait été rendu à la liberté pour ce motif, ou pour l'un des autres qui viennent d'être indiqués, il ne devrait plus pouvoir être réincarcéré, sous aucun prétexte, à raison de la même créance. Il n'est pas permis de se jouer de la liberté des hommes; et lorsque celui qui s'en était vu privé a eu le bonheur de la recouvrer, il ne doit plus être exposé à la perdre pour la même cause. La maxime tutélaire *nemo bis in idem* peut aussi trouver son application dans cette circonstance, avec non moins de raison qu'en matière de délits.

Enfin, la cession de biens judiciaire, qui est une ressource extrême offerte au débiteur malheureux et de bonne foi pour avoir la liberté de sa personne (1), ne devrait pas être un bienfait illusoire; la justice devrait toujours accueillir l'abandon qu'il propose à ses créanciers de tout ce qu'il déclare posséder, lorsqu'il ne se trouve pas dans l'un des cas d'exception déterminés par la loi, et lorsqu'il n'est pas prouvé qu'il soit de mauvaise foi (2). Mais il n'en est point ainsi dans

---

(1) Art. 1268 du *Code civil.*

(2) Art. 905 du *Code de Procédure civile*, et 575 du *Code de Commerce.*

la pratique; et il existe dans les monumens de la jurisprudence une variation funeste qu'il importerait de faire cesser, pour la ramener à cette uniformité qui y est non moins désirable qu'en législation. Il est des tribunaux où le prisonnier pour dettes dont la détention est déjà un fait qui devrait faire présumer son infortune, est assuré de voir repousser sa demande en cession de biens sur le fondement *qu'il n'a point justifié suffisamment de ses malheurs et de sa bonne foi;* protocole banal dans le cercle étroit duquel ces tribunaux restent circonscrits, comme les tribunaux de commerce dans celui qu'ils se sont tracé pour l'application de la contrainte par corps. Comme si le malheur avait toujours besoin d'être matériellement prouvé par des faits, et s'il ne s'induisait pas le plus souvent des circonstances morales attachées à des événemens inopinés, fortuits, et indépendans de la volonté de l'homme!.. Comme s'il n'était pas dans le vœu de la loi que la bonne foi soit toujours présumée chez le demandeur en cession de biens, jusqu'à la preuve du contraire de la part de celui qui la lui contesterait!... Dire que *le débiteur n'a pas suffisamment prouvé sa bonne foi,* c'est établir en principe, dans d'autres termes, qu'il existe contre lui une présomption légale de mauvaise foi; et se mettre en opposition manifeste avec cette règle immuable de notre droit, qui veut que la mauvaise foi ne se présume jamais et qu'elle doive toujours être prouvée. (1)

Si la mauvaise foi ne doit jamais être présumée, on doit admettre comme une vérité correspondante que la bonne foi se présume toujours; dès-lors il faudra tenir pour constant que celle-ci n'a pas besoin d'être prouvée, et que la preuve ne peut être exigée que pour constater l'existence de l'autre. C'est donc intervertir les rôles que d'assujettir le débiteur à prouver sa bonne foi; tandis qu'il n'est que le créancier qui la lui conteste qui doive être soumis à faire la preuve de l'exception à l'aide de laquelle il combat la demande en cession. C'est véritablement renverser l'ordre légal pour lui substituer le régime de l'arbitraire.

Il est un moyen facile de remédier à une erreur qui exerce un si funeste empire dans les tribunaux où elle est professée, et qui forme un obstacle invincible à l'élargissement des détenus pour dettes, auxquels la cession de biens est ordinairement refusée comme moyen de recouvrer leur liberté, au mépris de la loi, qui leur offre ce bienfait. Ce moyen consiste à déclarer dans des termes énergiques qu'il n'y a que ceux qui se trouveront compris dans l'une des exceptions indiquées par la loi, et ceux dont la mauvaise foi sera prouvée, qui seront privés du bénéfice ac-

(1) Art. 1116 du *Code civil.*

cordé aux débiteurs de bonne foi. Le législateur doit être d'autant plus attentif à ne laisser rien de vague et d'incertain dans les dispositions des lois qui intéressent la liberté, que l'homme est toujours porté à en forcer le sens et à en dénaturer l'esprit par des interprétations conformes à son intérêt privé; et que les juges, qui sont hommes aussi, accueillent trop souvent avec faveur ces interprétations, séduits par des systèmes qui satisfont quelquefois l'esprit au préjudice de la raison.

S'il n'arrive pas toujours que les créanciers demeurent inflexibles, et qu'ils s'obstinent à retenir infructueusement leurs débiteurs dans les liens de la captivité, il n'est point rare pourtant d'en trouver qui éprouvent une barbare satisfaction à jouir aussi long-temps que la loi le leur permet des souffrances de leurs victimes. Leur vengeance n'est point encore assouvie à l'expiration du terme assigné à la détention de celui qui a le malheur de ne pouvoir pas se libérer ; et il en est parmi eux qui n'ont pas craint de vouloir la prolonger, en faisant usage de titres de créances qu'ils tenaient méchamment en réserve dans cette vue. Mais l'humanité, qui n'est pas toujours inconciliable avec la rigoureuse justice, ne resta point cette fois sans influence; et la Cour royale de Paris, qui la première eut à statuer sur cette question, n'hésita pas à la résoudre en faveur de la liberté (1). Elle consacra en principe, que le détenu pour dettes devait obtenir son élargissement de plein droit après une détention de cinq ans, et qu'après ce temps révolu le débiteur ne pouvait pas être recommandé, ni arrêté de nouveau, pour cause antérieure à son emprisonnement. Cette solution était une conséquence nécessaire de la loi sur la contrainte par corps, sainement interprétée. Après le long temps de la cruelle épreuve à laquelle elle soumet le débiteur, il était raisonnable de le considérer comme étant absolument hors d'état de payer. Or, une nouvelle épreuve de laquelle on ne pourrait pas attendre un autre résultat ne serait évidemment qu'une vexation inutile. On ne pourrait, sans contradiction, réputer le débiteur qui aurait subi le plus long terme de la détention comme insolvable relativement au créancier qui l'avait fait incarcérer et pour la somme qui motiva son incarcération, et ne pas le supposer tel à l'égard d'autres créanciers et pour d'autres sommes dues par lui.

La décision de la Cour royale de Paris a jusques aujourd'hui rempli la lacune qui existait dans la législation sur la contrainte; et l'on se conforme journellement dans les ordonnances

(1) Arrêt de la Cour royale de Paris, première section, 22 août 1806.

sur référé qui sont rendues, à la jurisprudence qu'elle a introduite en faveur des débiteurs. Si cette jurisprudence n'avait pas pour elle l'autorité de la loi, les créanciers eussent refusé de s'y soumettre ; ils n'auraient pas manqué de reproduire la question et de la débattre de nouveau devant d'autres tribunaux. Ils ne l'ont pas fait; et ils ont ratifié par leur silence l'œuvre de la justice, qui ne pouvait consentir à laisser indéfiniment la liberté du débiteur à la merci de son créancier.

Le projet de loi consacrait le même principe. Il n'y eut pas de dissentiment sur ce point dans la Chambre des Pairs ; et les opinions n'y furent partagées que sur la question de savoir si la personne du débiteur serait libérée de la contrainte à raison de toutes les dettes par lui contractées avant son incarcération, sans distinction de celles qui, étant exigibles à cette époque, avaient donné lieu à des poursuites judiciaires et à des juge--mens de condamnation ; et de celles qui, l'étant devenues plus tard, mais avant l'expiration du plus long terme de la détention, n'avaient été suivies d'aucune poursuite : et sur cette question controversée nous partageons volontiers le sentiment et nous adoptons les motifs du noble pair qui soutenait que le débiteur devait désormais être affranchi de la contrainte à raison de toutes les dettes qu'il avait contractées avant son emprisonnement, qu'elles eussent été ou non

suivies de condamnation. Nous pensons comme
lui qu'il serait raisonnable et juste d'admettre
que la détention du débiteur purge tout ce qui
l'a précédée; qu'après l'avoir subie pendant le
plus long temps qui lui est assigné, il doit être
réputé insolvable, et qu'il y aurait de l'inconséquence à le considérer comme tel à l'égard des
unes seulement, et non à l'égard des autres. « La
« captivité du débiteur est un fait patent et cer-
« tain qui avertit suffisamment tous ses créan-
« ciers d'exercer leurs actions. Celui dont la
« créance était exigible aurait à s'imputer de n'a-
« voir pas poursuivi en justice l'exécution de ses
« droits. » Cette doctrine favorable à la liberté
mérite d'obtenir la sanction du législateur, parce
qu'elle offre un moyen assuré de prévenir le con-
cert qui pourrait exister entre plusieurs créanciers du même débiteur, qui s'entendraient pour
provoquer successivement contre lui des jugemens à la veille de l'expiration du terme légal
de sa détention, et pour la prolonger d'une manière indéfinie.

Il resterait à examiner si le débiteur élargi
après ce terme devrait aussi être affranchi de la
contrainte pour les dettes dont l'existence re-
monterait à un temps antérieur à son emprisonnement, et dont l'échéance ne serait arrivée qu'a-
près son élargissement. Mais cette question nous
paraît oiseuse, parce qu'il n'est pas d'usage que

le paiement des lettres de change, qui sont faites ordinairement pour fournir aux besoins du moment, et dont la circulation doit être rapide et circonscrite dans un espace de temps limité, soit fixé à des époques reculées. Ce cas, dont on n'aurait que de rares exemples dans l'état actuel des choses, ne se présentera vraisemblablement jamais si, la contrainte par corps étant maintenue contre le vœu généralement manifesté, l'application n'en est permise qu'entre négocians, parce que le terme ordinaire des transactions commerciales ne saurait excéder celui qui sera assigné à la durée de la détention des débiteurs qui resteront soumis à cette contrainte.

Il ne devrait pas suffire, dans l'intérêt de la liberté individuelle, de déterminer les causes d'exemption de la contrainte, les conditions auxquelles le débiteur séquestré de la société pourra lui être rendu, et l'époque où il obtiendra la libération de sa personne après avoir long-temps gémi dans une prison : il conviendrait encore d'assigner un terme après lequel le droit de la contrainte par corps serait prescrit. Si l'on veut persister à croire que la force des choses et une déplorable *nécessité* exigent encore, dans certains cas, que l'on sacrifie à de simples intérêts privés la plus précieuse prérogative dont il soit donné à l'homme de jouir, l'exercice de cette odieuse concession de la loi humaine, contraire aux lois de la

nature, de la religion et de la morale, devrait
avoir ses bornes et ne pas excéder un certain
temps. Un privilége aussi exorbitant ne devrait
pas jouir de plus de faveur que les justes peines
encourues par les auteurs des délits qui troublent
la société ; et les mêmes motifs qui ont porté le
législateur à établir la prescription par cinq ans
de ces peines prononcées par les arrêts ou jugemens rendus en matières correctionnelles (1),
devraient à plus forte raison la faire admettre
comme un terme légal à l'exercice de la contrainte par corps.... Que les condamnations qui
ont pour objet les intérêts pécuniaires des parties
restent soumises à la plus longue prescription
établie pour les obligations en général, c'est une
juste conséquence des principes conservateurs
des droits de chacun ; mais la protection que la
loi doit aux individus, et son respect pour la
tranquillité des familles, s'opposent également à
ce que le débiteur soumis à la contrainte reste
exposé continuellement et pendant toute la durée
de sa vie, au gré de son créancier, à la crainte
incessante de perdre sa liberté. Puisque le temps
pendant lequel il peut en être privé ne doit pas
pouvoir excéder une certaine durée, il est dans
l'ordre aussi de limiter celle pendant laquelle le
créancier à qui ce droit est accordé pourra l'exer-

_____

(1) Art. 636 du *Code d'Instruction criminelle.*

cer. Cette salutaire innovation, indiquée par monseigneur le garde des sceaux dans la discussion qui eut lieu à la Chambre des Pairs, devrait trouver sa place dans la loi destinée à fixer le sort des infortunés que la nature de leurs obligations place sous le joug affreux de la contrainte.

CHAPITRE XIII.

De la loi à faire relativement à l'exercice de la contrainte par corps.

Sɪ les lois servent à régler les mœurs, les mœurs à leur tour ne doivent pas rester sans influence sur les lois; et les progrès de la civilisation ne doivent pas moins se faire remarquer dans les unes que dans les autres. Il serait absurde de laisser exister des institutions empreintes encore du sceau de la barbarie, lorsque tout tend au perfectionnement dans l'ordre social. La législation, dans son système, doit suivre la marche de l'esprit humain : les barrières qu'elle voudrait y opposer seraient impuissantes; elle n'essaierait jamais sans danger de lui imprimer une marche rétrograde.

Il résulte de tout ce qui a été dit dans les chapitres précédens, que la contrainte par corps a depuis long-temps cessé d'être en harmonie avec les mœurs françaises. Son abrogation serait donc un besoin social dans l'état actuel des choses, et elle devrait être une conséquence inévitable du principe énoncé en tête de ce chapitre. La loi à faire pour opérer l'extinction du privilége de l'argent sur la liberté, consisterait dans une simple déclaration abolitive de celle qui le consacre ; elle ne serait qu'une légitime concession faite à l'humanité, qui la provoque de ses vœux.

Mais la tâche sera plus difficile à remplir s'il faut faire fléchir le principe, si la liberté doit continuer à pouvoir être engagée pour de l'argent, si les droits de l'humanité peuvent encore se trouver compromis pour la garantie des intérêts privés. Il est difficile, en effet, de concilier ce qui est inconciliable de sa nature ; de faire que la justice, qui n'est autre chose que la morale mise en action, s'accommode d'une institution qui offense la morale, et de parvenir à donner l'autorité respectable du droit à ce qui présente la violation du plus sacré de tous les droits.

Toutefois, et si le Français devait encore rester exposé à subir l'humiliation de la contrainte, si les peines et les tourmens attachés à la captivité du débiteur malheureux pouvaient être exigés encore par son créancier comme un dédommagement de ce qu'il ne peut s'en faire payer, la loi destinée à régler le mode de cette atroce jouissance devrait se montrer avare de l'accorder, n'en laisser la faculté au créancier qu'avec de sages précautions dans l'intérêt du débiteur, et offrir de telles améliorations dans le traitement de ce dernier, que sa bienfaisance en effaçât en quelque sorte la rigueur.

Ainsi, la *nécessité* de conserver dans notre législation l'usage de la contrainte par corps ayant été reconnue n'exister que relativement au commerce, et dans la vue de faciliter la rapide circulation des lettres de change, ce prétendu bienfait, qui est cependant repoussé par tout ce qu'il y a d'honorable parmi les négocians, ne devrait point s'étendre hors de la classe de ceux-ci, dont le caractère de loyauté est un garant que non seulement ils n'en abuseront jamais, mais encore qu'ils en useront rarement, et dans les seuls cas où la mauvaise foi ne serait pas vainement présumée. La durée de l'emprisonnement pour dettes commerciales devrait être limitée à un terme qui n'excéderait jamais trois ans ; mais les tribunaux devraient avoir la faculté de l'abréger, eu égard aux circonstances ; et de la graduer non pas dans la proportion des sommes dues, mais dans celle du tort imputable au débiteur, selon qu'il serait reconnu coupable d'imprudence ou de mauvaise foi. Il y aurait donc lieu, par les motifs de justice qui ont porté le législateur à fixer le *minimum* et le *maximum* des peines en matière de délits, de se borner à fixer celui de la détention pour dettes, en laissant aux juges un pouvoir discrétionnaire pour en déterminer le temps.

La même règle devrait être observée pour les cas où la contrainte par corps est déclarée ap-

plicable en matières civiles. Toutefois il serait
nécessaire d'établir une distinction entre ces divers cas ; parce qu'ils offrent entre eux une grande
dissemblance par la moralité des faits qui les
différencient, et par leurs effets. Il conviendrait
donc de les diviser en catégories, et d'assigner
aussi à chacune d'elles le *maximum* et le *minimum* du temps de détention qui y serait attaché
à titre de réparation.

Comme la loi n'est pas faite seulement pour
le temps présent, mais qu'elle est destinée encore à régir l'avenir, il y aurait un grave inconvénient à ce qu'elle fixât d'une manière irré-
vocable le taux des alimens à fournir par le
créancier à son débiteur. Il ne peut guère non
plus être réglé d'une manière uniforme ; parce
qu'il est susceptible de variations eu égard aux
localités, le prix des denrées et des objets de première nécessité étant plus ou moins élevé suivant
la population des villes, et selon que la consommation y est plus ou moins grande : ce prix est
d'ailleurs sujet à varier d'année en année. Au
reste, c'est ici un objet de détail dont il ne nous
paraît pas qu'il soit de la dignité du législateur
de s'occuper. Il serait plus convenable de laisser
aux tribunaux chargés d'appliquer la contrainte le
soin de déterminer, par le jugement qui en ferait
l'application, la somme mensuelle que le créancier serait tenu de consigner à titre d'alimens. La

loi devrait donc se borner, 1°. à déclarer l'obligation du créancier à cet égard ; 2°. déterminer
avec précision tout ce qu'elle entend comprendre
sous la dénomination d'alimens; 3°. ordonner
que la somme qui serait allouée à ce titre serait
toujours calculée de manière à suffire aux premiers besoins de toute nature du détenu, et
qu'elle serait consignée tous les mois, d'avance,
par le créancier lui-même, ou par son fondé de
pouvoirs porteur d'une procuration authentique
et spéciale, entre les mains du geolier, qui la
transmettrait immédiatement au détenu. — Il y
aurait un grave inconvénient à fixer les alimens
de manière que le débiteur pût rester exposé à
manquer du nécessaire : il ne saurait y en avoir
à les régler généreusement, parce que si le débiteur est réputé solvable, le créancier sera remboursé de ses avances; s'il ne l'est pas, ce dernier
n'exercerait évidemment, en prolongeant sa captivité, qu'un acte de vengeance qui ne doit pas
dégénérer en un acte de cruauté.

L'abrogation des lois qui soumettent à un emprisonnement provisoire les étrangers débiteurs
des Français, et qui laissent indéterminée la durée de leur détention après condamnation, est
une conséquence inévitable de celles qui leur
accordent la libre disposition de leurs biens en
France. C'est aussi une *nécessité* politique de ne
mettre aucune différence entre eux et les Fran-

çais, et de les traiter comme les nationaux , à raison des obligations qu'ils contractent envers eux. Ils ne devraient donc être assujettis à la contrainte par corps que pour les causes et de la même manière que les Français eux-mêmes y seraient soumis.

La contrainte par corps , soit qu'on la considère comme une peine ou comme un moyen de coaction , est toujours un acte de rigueur extrême, dont il conviendrait de ne permettre l'exercice qu'après que tous les autres modes d'exécution auraient été épuisés sans fruit sur les biens du débiteur ; ou lorsqu'ils n'auraient produit que des résultats insuffisans pour désintéresser pleinement le créancier. Les tribunaux chargés d'en faire l'application devraient ne la prononcer que lorsqu'il leur serait administré la preuve de l'insuffisance du prix de la vente des meubles ou des immeubles du contraignable, par le créancier poursuivant, qui serait tenu d'en produire les procès-verbaux à l'appui de sa demande; ou celle de l'inutilité des poursuites sur ses biens par des procès-verbaux de carence , et par des certificats du receveur des contributions constatant qu'il ne possède ni immeuble ni établissement de commerce. Le débiteur devrait encore pouvoir s'affranchir de la contrainte, ou obtenir un sursis à cette dure exécution, en déléguant son revenu d'un an à son créancier, lors-

qu'il serait d'un produit égal à la somme due,
ou en lui cédant des créances exigibles jusqu'à
concurrence de cette somme, ou par l'offre de
vendre lui-même, dans un délai déterminé, les
biens qu'il aurait eus en sa possession pour opérer
l'extinction de sa dette. Il serait digne de la prévoyance de la loi de prévenir les vexations auxquelles un créancier vindicatif pourrait être porté
à se livrer contre son débiteur, en lui interdi-
sant la faculté d'exercer tout à la fois des poursuites sur ses biens et contre sa personne.

La contrainte par corps portant avec elle un
caractère de pénalité, sous quelque aspect qu'on
l'envisage, le pouvoir d'en faire l'application devrait être placé dans les attributions des tribunaux de police correctionnelle, devant lesquels
les parties seraient renvoyées à cet effet par les
tribunaux de commerce. Elle ne serait jamais prononcée que sur la demande formelle du créancier, et lorsque le débiteur se trouverait convaincu de mauvaise foi ou d'une grave imprudence. Celui qui aurait été victime de l'adversité
devrait toujours être à l'abri de poursuites qui
ne feraient qu'ajouter à son égard une vexation
inutile. Les tribunaux correctionnels seraient
investis par le jugement de renvoi et par l'assignation donnée par le créancier au débiteur.

La loi ne doit pas compatir seulement au malheur, elle doit prendre aussi en considération

l'âge et le sexe : leur faiblesse est un titre à son indulgence. Les mineurs, les femmes et les hommes sexagénaires devraient donc être déclarés par elle exempts de la contrainte par corps en matière commerciale et en matière civile.

La captivité de l'homme qui ne paie pas ses dettes étant un moyen sévère employé pour l'y contraindre, lorsqu'il est présumé n'être pas dénué de ressources pour satisfaire ses créanciers, ou une peine contre celui qui persisterait dans son refus de payer, lorsqu'il est probable qu'il pourrait se libérer, la loi doit limiter la durée de sa détention dans le second cas, et déterminer les effets de l'épreuve dans le premier. Ainsi, tout débiteur incarcéré devrait obtenir son élargissement, 1°. en payant le tiers de sa dette en principal et accessoires, et en donnant caution de payer le surplus dans le délai d'un an ; 2°. lorsqu'il lui est échu des biens depuis sa détention, en fournissant son obligation de payer dans un pareil délai avec affectation d'hypothèque sur ses biens, ou par une délégation sur ses propres débiteurs à son créancier ; 3°. par le consentement qui y serait donné par ce dernier, au moyen d'une simple déclaration, sur le registre de l'écrou, faite par lui ou par son fondé de pouvoirs par procuration authentique et spéciale ; ce consentement pourrait être donné aussi par acte devant notaires, lequel, dans ce cas, devrait être annexé à l'écrou, et transcrit en marge par le geolier; 4°. par le défaut de consignation des alimens constaté par un certificat du geolier, délivré sans frais, sur la représentation duquel la mise en liberté serait sur-le-champ ordonnée par le président du tribunal au bas d'une requête qui lui serait adressée par le détenu; 5°. par la cession de biens, qui ne serait refusée que lorsqu'il serait prouvé que le débiteur aurait agi de mauvaise foi; 6°. par une détention continuée pendant le plus long-temps déterminé par la loi, après lequel il serait déclaré définitivement affranchi de la contrainte pour toutes les dettes par lui contractées avant son emprisonnement, et échues dans l'intervalle de sa détention.

Enfin la loi, qui n'a pas voulu laisser incertaine la propriété des meubles et des immeubles, et qui a fixé un terme à l'expiration duquel ils sont toujours censés appartenir à celui qui en est en possession, ne doit pas laisser exister cette incertitude à l'égard de la liberté. En conséquence, il est convenable d'en déterminer un après lequel l'homme soumis à la contrainte en vertu d'un jugement, en soit légalement affranchi. Celui de cinq ans est d'autant plus suffisant, que les peines correctionnelles, qui ne méritent pas la même faveur sans contredit, prescrivent par ce délai.

CHAPITRE XIV.

De la rétroactivité de la loi.

Le principe de non-rétroactivité de la loi doit être entendu dans ce sens, qu'en général une loi nouvelle ne peut point porter atteinte au fond d'un droit acquis antérieurement à des conventions précédemment stipulées, ni modifier l'état qui appartient aux personnes en vertu d'une loi préexistante. Ce principe est d'autant plus respectable qu'il a pour objet la conservation de l'ordre établi dans l'intérêt général, autant que dans celui des particuliers. Cependant, il n'est pas tellement absolu qu'il ne puisse y être dérogé lorsque l'ordre public lui-même l'exige, ou lorsque l'harmonie sociale, résultant de l'accord des lois avec les mœurs, et en l'absence de laquelle l'ordre ne saurait exister, en serait blessée. Il n'est pas un obstacle à ce que la loi nouvelle vienne modifier l'exercice d'un droit acquis, régler l'exécution des conventions antérieures, et améliorer la condition et l'état des personnes. Notre législation nous en fournit de nombreux exemples : il suffira d'en reproduire ici quelques-uns pour justifier notre opinion sur l'action de la loi qui fait l'objet de nos vœux.

Avant la publication du Code Civil, le plus long temps exigé pour opérer la prescription n'était pas toujours de trente ans seulement. Il y avait des cas où elle était portée à quarante ans, et d'autres où elle n'était acquise que par une possession immémoriale. L'article 2281 les a toutes réduites à un terme uniforme; il dispose qu'elles seront désormais toutes accomplies par le laps de trente ans. Cependant, ceux contre qui elles couraient avaient une juste raison de se confier dans la loi régulatrice des effets d'une prescription dont les délais paraissaient ne pouvoir pas être abrégés au préjudice de la déclaration solennelle contenue dans le même Code, que « la loi ne dis- « pose que pour l'avenir; qu'elle n'a point d'ef- « fet rétroactif » (1). Mais il est un principe non moins fondamental que celui de la non-rétroac- tivité de la loi, qui veut que l'intérêt général soit toujours préféré à l'intérêt privé; et comme il importe que les propriétés ne restent pas trop long-temps incertaines, le législateur se déter- mina par la considération de l'intérêt général, auquel il n'hésita pas de faire céder l'intérêt indi- viduel.

Sous l'ancien ordre des choses, le débiteur

(1) *Code Civil*, art. 2.

d'une rente constituée en perpétuité ne pouvait
être contraint au rachat du principal pour le seul
fait de la cessation du paiement de la rente pendant deux ans, à moins que l'acte de constitution
n'en contînt la condition expresse. L'article 1912
du Code dispose, en termes généraux, que le débiteur d'une rente de cette nature peut être contraint au rachat s'il cesse de remplir ses obligations pendant deux ans. De là, question de savoir
si le défaut de paiement d'une rente constituée
par un ancien titre donnait lieu, *ipso jure,* comme
pour celles constituées par des titres récens, au
remboursement du capital, encore que l'acte de
constitution fût muet à cet égard, ou s'il fallait
qu'il en contînt l'obligation de la part du débiteur
pour qu'il pût y être contraint?..... Et les tribunaux ont décidé constamment, et d'une manière
uniforme, que le rachat devait toujours avoir
lieu, sur le fondement que l'article 1912 ne nui-
sait point au fond du droit des parties; qu'il ne
dérogeait pas à leurs conventions; et qu'il consacrait seulement un nouveau mode d'exécution
de l'obligation, que le législateur avait pu introduire sans rétroagir. Ici, comme on le voit, la
jurisprudence a sagement distingué le fond du
contrat, qui doit rester immuable, à moins d'un
changement de volonté de la part des parties con-
tractantes, de l'exécution qu'il doit recevoir et
qu'il appartient à la loi de régler.

Sous l'empire de la loi du mois de septembre 1791, confirmée dans ses dispositions principales par le Code Civil, le mariage n'était plus un contrat qui unît les deux époux irrévocablement et pour la vie. Ceux qui avaient formé ce lien antérieurement à la loi du 8 mai 1816 avaient le droit acquis de le rompre par leur consentement mutuel, ou pour l'une des causes auxquelles cet effet était attribué. Cependant le divorce fut aboli, et la loi qui en prononçait l'abolition fut applicable aux mariages qui avaient précédé sa promulgation, comme à ceux qui lui étaient postérieurs. Dans cette circonstance, la morale, qui forme l'un des plus solides fondemens de l'édifice social, et qui doit toujours dominer la pensée du législateur, prévalut sur le principe de la non-rétroactivité, dont il n'est pas toujours également dangereux de s'écarter.

En matière pénale, lorsqu'une loi plus douce vient substituer son bienfait aux rigueurs d'une précédente loi plus sévère, l'humanité commande qu'elle soit appliquée même aux délits commis avant sa publication, quoique la loi existante à cette époque prononçât contre leurs auteurs une peine plus dure : et cependant, il n'a jamais été prétendu que le principe de la non-rétroactivité y fût blessé.

Ces antécédens, auxquels on pourrait en ajouter d'autres encore, étaient nécessaires à rappe-

ler, parce qu'ils sont favorables à l'opinion qui
demande l'application uniforme de la nouvelle
loi à tous les contraignables par corps, sans distinction des dates de leurs obligations, et soit
qu'elle prononce l'abolition de la contrainte ou
qu'elle vienne seulement en tempérer la dureté.
Cette opinion n'est elle-même qu'une conséquence du besoin d'une rigoureuse uniformité
dans l'administration de la justice.

Mais examinons dans quelle catégorie la contrainte par corps doit être rangée, et de quel
poids pourraient être, dans la détermination de
l'action de la loi à faire, les scrupules qui furent
manifestés à l'occasion du projet discuté à la
Chambre des pairs. La contrainte est-elle simplement un mode d'exécution du contrat, ou bien
tient-elle à son essence?..... Dans le premier cas,
y aurait-il rétroactivité de la loi qui la régit, dans
l'application qui en serait faite aux obligations
antérieures à l'époque de sa promulgation?.....
Dans le second cas, cette rétroactivité ne serait-
elle pas commandée par la nature des choses?.....

Les partisans de la contrainte s'accordent à la
considérer comme un acte de coaction exercé
par le créancier sur la personne de son débiteur,
pour en obtenir, à l'aide de cette espèce de violence légale, l'aveu des ressources qu'il est présumé tenir cachées dans la vue de se soustraire
au paiement d'une dette légitimement contractée;

et ce système est fondé sur l'esprit et sur la lettre des lois rendues en cette matière, qui classent la contrainte par corps dans le nombre des divers modes d'*exécution forcée des actes et jugemens* (1). Il est fortifié encore de l'autorité de plusieurs arrêts de cours souveraines du royaume. Les recueils de jurisprudence offrent de nombreux exemples d'appels émis de jugemens qui prononçaient la contrainte par corps pour des sommes non excédant mille francs. Ces appels étaient fondés sur ce que la contrainte avait été accordée hors des cas déterminés par la loi qui en autorise l'application; et il était soutenu qu'ils devaient être reçus, bien que la somme qui avait donné lieu aux condamnations n'excédât point le dernier ressort, parce que la liberté étant un bien inappréciable, la voie de l'appel devait toujours être ouverte contre les jugemens qui en prononçaient la privation. Mais cette doctrine a été constamment repoussée par les tribunaux devant lesquels elle était professée; et il a été uniformément jugé que le dernier ressort était exclusivement déterminé par la somme demandée, sans pouvoir y prendre en considération le chef relatif à la contrainte, qui n'était qu'un accessoire, une conséquence rigoureuse de la condamnation, et

---

(1) *Code de Procédure civile*, part. 1re, liv. V, tit. VI.

un simple mode d'exécution du jugement qui en faisait l'application. Cette opinion, qui dérive de la loi elle-même, et qui a reçu la sanction de la justice, est devenue un principe de jurisprudence généralement admis; et ce principe ne doit pas fléchir aujourd'hui devant quelques opinions paradoxales, qui reposent sur des sophismes et des subtilités purement scholastiques.

Il faut distinguer dans toute obligation ce qui constitue le fond du droit de celui au profit de qui elle est contractée, des moyens de contraindre le débiteur à remplir son engagement. Ceux-ci sont d'ordre public; ils ne peuvent être laissés dans le domaine des volontés privées; il appartient à la loi de les déterminer, ce n'est que de son autorité qu'ils peuvent être employés; ils sont de plus assujettis à des formes qu'il n'est pas permis de négliger. L'exécution est donc extrinsèque à l'acte; elle ne tient pas à l'essence de l'obligation, dont toute la valeur consiste dans la promesse de faire ou de ne pas faire, et dans les conditions qui accompagnent cette promesse. Le créancier ne peut en forcer l'accomplissement qu'à l'aide de la loi, qui a bien voulu venir à son secours; il puise son droit à l'exécution dans le titre dont il est porteur; mais ce titre, par lui-même, serait sans force en l'absence de l'autorité chargée de la lui imprimer. Il en est de la contrainte par corps comme de la saisie immo-

bilière, de la saisie-exécution, de la saisie-arrêt ;
elles ont toutes le même caractère coercitif ; elles
ne diffèrent que par la rigueur plus ou moins
grande attachée à leur forme et à leurs effets.
Elles dérivent d'un principe commun, la volonté
de la loi, qui les introduisit en vue de l'intérêt général, et qui, lorsqu'elle juge que son but y est
dépassé, peut, sans contredit, renoncer à des
rigueurs qui ne sont plus indispensables aux besoins sociaux, ou qui ne pourraient plus être
maintenues sans inhumanité. La loi peut donc y
apporter des changemens et des modifications
sans nuire au fond du droit du créancier, qui
reste toujours le même, ces changemens et ces
modifications n'affectant que la manière de
l'exercer.

Lorsque le Code de Procédure civile eut introduit un nouveau mode d'expropriation forcée,
et de nouvelles règles pour les saisies-exécutions
et pour les saisies-arrêts, on ne fit pas de difficulté d'y soumettre ceux qui avaient contracté
antérieurement. Cependant le créancier qui
voyait reculer l'époque de son paiement par la
prolongation des délais, et par la multiplicité des
formes à observer dans l'exécution de l'obligation
dont il était porteur, avait aussi de justes motifs
de se plaindre que la nouvelle loi changeait sa
position. Pourquoi dans un cas analogue, mais
bien plus favorable puisqu'il s'agit de la liberté

des personnes, hésiterait-on à appliquer à l'exécution des obligations qui donnent lieu à la contrainte la loi qui en prononcerait l'abolition, ou
qui en tempérerait le principe, la forme et les
effets?... Parce que, répondent les partisans de la
contrainte par corps, « ce serait altérer les sû-
« retés données au créancier par le contrat, por-
« ter atteinte au jugement qui les garantit, et
« rétroagir sur une exécution consommée, en
« faisant profiter le débiteur incarcéré du bien-
« fait d'une loi qui n'est faite que pour l'avenir. »
Le vice de cette réponse est trop sensible pour
qu'elle ait besoin d'être réfutée longuement. Le
contrat serait vainement invoqué comme preuve
que le débiteur a voulu se soumettre à la contrainte, et que le créancier n'a consenti à prêter
son argent qu'à cette condition, puisqu'il est
muet sur ce point, et qu'il n'aurait pu contenir
une stipulation généralement prohibée. La loi
dispose, à la vérité, que les lettres de change
donneront lieu à la contrainte par corps; mais
cette disposition, qui n'est qu'accidentelle, qui
peut cesser avec les besoins qui l'ont dictée, qui
n'est qu'une conséquence plus ou moins éloignée
de l'obligation, ne peut être arbitrairement trans-
formée en cause déterminante du prêt. Cette
cause consiste dans la confiance que l'emprunteur
inspirait au prêteur par sa solvabilité connue ou
présumée, dans la foi que le créancier ajouta à la

promesse du paiement. A la vérité, celui-ci sut qu'en cas de retard, il pourrait forcer son débiteur à lui rendre la somme prêtée, soit par la voie de la contrainte, soit par l'expropriation de ses biens, soit par la vente de ses meubles, ou par la saisie de ses créances ; mais il serait peu raisonnable de supposer que l'assurance qu'il aurait eue d'être obligé de faire usage de ces moyens contre le débiteur ait pu contribuer à le déterminer à faire le prêt; il est plutôt à croire qu'elle eût été pour lui un motif de le refuser. Il y aurait donc, dans cette partie de la réponse, confusion de la cause et des moyens, qu'il importe pourtant de distinguer; et l'on devra convenir qu'il y a erreur dans cette assertion : que la contrainte, qui n'est qu'une conséquence possible de l'obligation comme les autres voies d'exécution, soit une des *sûretés données par le contrat*. La contrainte par corps peut donc être abrogée ou modifiée, sans que l'obligation du débiteur ni les droits du créancier soient diminués.

On n'est pas mieux fondé à soutenir qu'il y ait atteinte portée au jugement dans la disposition qui en autorise l'exécution par toutes les voies de droit, *et même par corps ;* parce qu'il appartient à la loi de régler cette exécution, et qu'elle peut modifier les divers modes qui y sont employés, ou même les abroger pour leur en substituer d'autres, lorsqu'il est jugé nécessaire d'opérer ces change-

mens. Dans ce cas, la nouvelle loi doit régir l'exécution tant des jugemens déjà rendus, que de
ceux qui le seraient à l'avenir, parce que la marche
de la justice doit être régulière et uniforme.

Enfin, il n'y aurait véritablement rétroaction
à l'égard du débiteur, déjà détenu en vertu du
jugement qui le soumet à la contrainte, qu'autant qu'on devrait admettre que l'exécution sur
sa personne a été consommée par son incarcération; mais il n'en est pas de l'emprisonnement
comme d'une saisie mobilière ou immobilière,
où tout est fini, relativement à l'objet saisi, par
la vente qui en est faite, et par la distribution de
son prix. L'emprisonnement est une exécution
prolongée et successive, qui se renouvelle de
jour en jour, et à tous les instans du jour, par la
détention du débiteur, suivant le bon plaisir du
créancier, qui peut la faire cesser par un simple
effet de sa volonté. Cette exécution n'est véritablement consommée que par l'expiration du plus
long terme assigné à la détention, et au-delà duquel il n'est pas permis d'en continuer la durée.
La loi qui viendrait y apporter des modifications,
ou même l'abroger entièrement, devrait donc
faire participer à ses dispositions bienfaisantes
le débiteur incarcéré, tout comme celui qui, ne
l'étant point encore, pouvait l'être cependant en
exécution du jugement qui l'y condamnait : *Ubi
eadem causa, ibi eadem ratio dicendi.*

Supposons toutefois que ces raisons soient encore insuffisantes pour convaincre certains esprits
dominés par l'idée de rétroactivité de la loi :
résisteront-ils à reconnaître un principe non
moins sacré que celui qui défend cette rétroactivité, gravé dans tous les cœurs et dans toutes
les consciences, émané de la source de toutes les
vérités, et que l'homme n'a pas craint d'en-
freindre pour satisfaire ses vues intéressées, celui qui déclare la liberté inaliénable ?... Ce principe,
auquel la loi humaine n'a pu déroger sans ou-
trager tout à la fois la loi naturelle et la loi divine, consacre un droit immuable, imprescriptible : il est fondé sur un sentiment d'humanité,
qui commande bien autrement notre respect que
les motifs intéressés servant de base au principe
de pure convention, dont la conséquence serait
la violation de ce droit. Il n'y a pas à hésiter sans
doute dans le choix, et la crainte de rétroagir
devra céder à celle de blesser plus long-temps la
morale et la religion. « Le législateur ne doit con-
« naître d'autres bornes que celles de la raison
« et de la justice ; et une grande considération
« d'humanité doit l'emporter dans son esprit sur
« un intérêt pécuniaire, qui est souvent de l'ordre
« le moins relevé. » (1)

Au reste, et l'expérience de ce qui s'est passé

_____

(1) M. de Broglie.

11

à la Chambre des Pairs nous en fournit la preuve,
quelle que soit la loi qui sera rendue, elle rétroa-
gira toujours dans la plupart de ses dispositions.
La connaissance que nous avons de la discussion
qui s'y éleva nous apprend que le sort des vieillards et des étrangers détenus pour dettes excita
d'une manière particulière l'intérêt de la Chambre;
et elle jugea qu'on devait faire participer aussi
aux avantages de la loi nouvelle, ceux sur qui
pesaient déjà des condamnations judiciaires, qui
étaient déjà détenus, et ceux dont les obligations
dataient d'une époque reculée; parce qu'il serait
injuste de vouloir qu'un débiteur régnicole fût
détenu pendant une longue suite d'années, tandis que l'autre ne le serait que peu de temps;
que celui-ci recouvrât sa liberté à l'âge où la détention cesse d'être supportable, et que celui-là
fût obligé de terminer dans la prison sa pénible
existence; que la captivité d'un étranger fût indéfinie, tandis que celle d'un autre n'aurait qu'une
durée limitée; et cela, parce que le titre serait
daté de quelques jours plus tôt ou de quelques
jours plus tard. Concluons de cet exemple, qui
nous présente l'embarras du législateur dans la
lutte qui s'élève entre le principe d'humanité et
celui de la non-rétroactivité, qu'il serait plus conséquent d'admettre avec la jurisprudence des arrêts, que la contrainte par corps n'est qu'un mode
d'exécution forcé, et que la loi destinée à la régir

doit s'appliquer aux obligations existantes comme aux obligations à venir. Enfin, et quelle que soit l'opinion qu'on se formera à cet égard, nous pensons avec le noble pair qui plaida la cause du malheur d'une voix si éloquente : « qu'il est un « motif puissant qui doit lever toutes les diffi- « cultés ; c'est que, lorsqu'il s'agit d'une disposi- « tion évidemment contraire à la morale et à l'hu- « manité, le législateur, en l'abrogeant, doit s'em- « presser de faire jouir de ce bienfait tous ceux « qui y ont intérêt, sans s'inquiéter de la question « de rétroactivité. » (1)

(1) M. Decazes.

CHAPITRE XV.

Conclusion.

Les principes que nous avons posés dans le cours de cet écrit, les développemens que nous leur avons donnés, et les conséquences que nous en avons tirées, peuvent être réduits à ce petit nombre de propositions que nous nous permettons d'offrir à la méditation des législateurs.

« Il n'est d'utile que ce qui est honnête; il n'est « d'honnête que ce qui est d'accord avec la mo- « rale et la religion. — L'utilité des institutions « ne peut être justifiée que par leur honnêteté. « — La contrainte par corps est contraire à la « morale et à la religion : elle contriste l'huma- « nité. Elle est un acte de rébellion contre la vo- « lonté divine qui créa l'homme libre. Le droit « accordé à un individu de priver un autre indi- « vidu de sa liberté, est un droit impie.

« La contrainte par corps n'est pas moins con- « traire aux principes constitutifs de notre droit « politique, qu'à la loi naturelle et à la loi divine. « — La liberté étant déclarée par nos lois un bien « inaliénable, il est inconséquent de permettre

« qu'elle puisse être engagée pour dettes, et mise
« à la disposition du créancier.

« L'intérêt du commerce, que les partisans de
« la contrainte par corps allèguent comme un
« motif de la conserver dans notre système de
« législation, n'est qu'une fausse idée accréditée
« chez le vulgaire ignorant. Cette déplorable er-
« reur ne tourne guère qu'au profit de quelques
« misérables usuriers, véritables fléaux de la so-
« ciété. L'opinion la plus générale des commer-
« çans, exprimée par un de ses plus honorables
« organes, est que *le commerce, qui civilise tout,*
« *n'a pas besoin pour sa sûreté de recourir à*
« *des moyens qui rappellent les temps de la plus*
« *grande barbarie.*

« Ce serait un outrage à la loyauté de ceux qui
« exercent cette utile profession, de supposer que
« la contrainte par corps est une garantie indis-
« pensable de la fidélité de l'exécution des trans-
« actions commerciales. Mais, s'il était possible
« d'admettre cette odieuse nécessité, devrait-il
« encore n'en être usé qu'entre négocians, et ja-
« mais contre ceux qui sont étrangers au com-
« merce.

« En matière civile, il n'existe pas de motif de
« forcer l'exécution d'une certaine nature d'obli-
« gations par l'emploi de la contrainte. Si on leur
« attribue cet effet, parce que les faits dont elles

« dérivent présentent un caractère qui les rap-
« proche des délits qualifiés, il serait plus raison-
« nable de les classer parmi ces derniers; la peine
« serait plus exemplaire.

« La loi répugne à admettre des fictions au lieu
« de la réalité; et il n'en est pas de plus absurde
« que celle qui voudrait dépouiller la contrainte
« par corps du caractère de pénalité qui lui est
« inhérent. — La contrainte par corps est une
« véritable torture physique et morale; elle est
« toujours une peine afflictive, soit qu'on la con-
« sidère comme une *épreuve*, ou comme *un mode*
« *d'exécution forcée.*

« La loi qui permettrait l'exercice de la con-
« trainte par corps pour de misérables intérêts
« privés, serait injuste si elle assignait toujours
« un terme uniforme à la détention du débiteur.
« Elle serait immorale si, en admettant une gra-
« dation dans sa durée, elle prenait seulement
« en considération le préjudice pécuniaire qu'au-
« rait souffert le créancier. — Une loi qui don-
« nerait le tarif de nos libertés comme on donne
« celui d'une vile marchandise, serait dégradante
« pour l'humanité.

« Il y aurait une grande injustice à imputer
« toujours à la faute du débiteur l'impuissance
« de payer à laquelle il se trouverait réduit. On
« pourrait n'avoir à lui reprocher que de l'im-

« prudence, et les circonstances dans lesquelles
« il se serait rencontré être de nature à le ren-
« dre excusable. Sa ruine inopinée pourrait avoir
« été causée par des pertes et des malheurs im-
« prévus ; et, dans ce cas, il serait digne de com-
« passion. — La loi qui le soumettrait, sans exa-
« men, aux duretés de la contrainte serait in-
« juste : l'application devrait donc en être confiée
« à la sagacité et au bon sens des juges qui se-
« raient chargés de la faire.

« La moralité des actions devant toujours, en
« bonne justice, être prise en considération pour
« déterminer le degré de culpabilité, les indivi-
« dus qui sont encore dans l'âge où la loi leur
« refuse la capacité d'exercer leurs droits dans
« toute leur plénitude, ne devraient pas, par une
« bizarre exception, se trouver exposés à com-
« promettre pour des intérêts souvent médiocres,
« de tous leurs droits le plus précieux. L'appli-
« cation de la contrainte par corps à des mineurs
« offrirait, à leur égard, la substitution de la
« violence à la protection que la loi leur promet :
« la permettre à l'égard des vieillards serait por-
« ter atteinte au respect dû à la vieillesse : à
« l'égard des femmes, elle serait une atteinte à
« la pudeur, elle blesserait la délicatesse de nos
« mœurs.

« Aux yeux de la morale et de la religion, tous

« les hommes sont frères, quel que soit le point
« du globe où le hasard les ait fait naître. — L'une
« et l'autre se trouvent indignement outragées
« par l'opinion barbare qui fait convertir en ar-
« rêts de mort les jugemens par lesquels les étran-
« gers sont soumis à la contrainte. Le droit qui
« est accordé à leurs créanciers de les retenir
« indéfiniment en prison, change leur captivité en
« une longue agonie. — C'est mal exercer l'hos-
« pitalité que d'y mettre des conditions aussi
« dures. — La justice et l'humanité, d'accord avec
« une sage politique, réclament pour les per-
« sonnes des étrangers la faveur dont ils jouis-
« sent pour leurs biens.

« La contrainte par corps est de toutes les exé-
« cutions forcées la plus rigoureuse ; elle devrait
« ne pouvoir être employée que comme un re-
« mède extrême dans un mal désespéré. — Quelle
« que soit la loi qui sera rendue, abolitive, ou
« simplement modificative de ses rigueurs, elle
« devrait faire indistinctement participer à son
« bienfait tous ceux qui se trouveraient liés par
« des obligations qui les rendraient contraigna-
« bles. — Il n'y a jamais de rétroaction dans son
« fait, lorsqu'il s'agit des intérêts de l'humanité,
« lorsqu'elle a pour objet d'améliorer le sort et
« la condition de l'homme. »

Dans ce siècle, où tout tend à se perfectionner,

où l'industrie et les sciences en général ont fait de si grands progrès, les institutions doivent suivre ce mouvement universel, et se dégager enfin des vieux restes de la barbarie des temps anciens, qui nuisent à l'harmonie du système social.

FIN.

TABLE DES MATIÈRES.

FIN DE LA TABLE.

COMMENTAIRE

SUR LA LOI DU 17 AVRIL 1832,

RELATIVE A LA

CONTRAINTE PAR CORPS.

CHAPITRE PREMIER.

HISTORIQUE DE LA LÉGISLATION RELATIVE A LA CONTRAINTE PAR CORPS.

§ I. *Législation antérieure à 1789.*

La contrainte par corps est l'emprisonnement d'un débiteur par son créancier, jusqu'au moment où il aura acquitté ce qu'il doit. Ce moyen de coaction peut être exercé en matière de commerce et en matière purement civile, ou pour raison de deniers et effets mobiliers publics, ou en matière criminelle, correctionnelle et de police : la contrainte par corps peut avoir lieu contre les regnicoles ou contre les étrangers. Chacun de ces différents cas se trouve prévu aujourd'hui par des dispositions législatives particulières : il n'en a pas été toujours ainsi.

L'usage de la contrainte par corps se perd dans la nuit des temps. L'histoire de la législation nous la montre établie chez les peuples les plus anciens. L'idée de donner une garantie sur la personne, pour assurer l'exact accomplissement des obligations, paraît s'être présentée naturellement à la pensée de presque toutes les nations. Cependant l'histoire nous fait connaître également, que dans tous les temps la contrainte par corps a prêté à des abus et que les législateurs se sont trouvés dans la nécessité d'y porter remède.

C'est ainsi qu'à *Athènes*, *Solon* abrogea l'usage d'ad-

1

mettre la personne du débiteur comme gage de la créance [1].

Chez les *Romains* le roi *Servius Tullius* abolit la mise en gage des personnes et lui substitua celle des biens : mais cette disposition fut abrogée par *Tarquin le tyran* [2]. Les auteurs des XII Tables autorisèrent le créancier à garder en chartre privée le débiteur obéré, à le charger même de chaînes, et à l'exposer aux regards du peuple les jours de marché, en faisant crier le montant de la dette [3]. Cette excessive rigueur fut supprimée par la loi *Petillia Papyria* (an de Rome 428), qui restreignit les droits des créanciers, en règle générale, aux poursuites sur les biens du débiteur : ce dernier ne demeura soumis à l'emprisonnement qu'à titre de peine, lorsque ses biens ne suffisaient pas au paiement des dettes [4]. *Jules César,* par une des lois rendues sur sa proposition, posa le principe du bénéfice de la cession des biens [5]. Les ordonnances des empereurs établirent successivement des maximes plus favorables à la libération. Sous *Justinien* le débiteur qui justifiait de malheurs dont il avait été la victime, et qui abandonnait volontairement à ses créanciers la totalité de son avoir, ne fut pas seulement affranchi de la peine des insolvables, c'est-à-dire de la contrainte par corps ; il jouissait encore du *beneficium competentiæ*, savoir du droit de conserver à son profit, jusqu'à concurrence de ses besoins, les biens qu'il pouvait acquérir par la suite : on lui accordait même ce droit, en certains cas, sur les biens dont il avait fait cession [6].

En France [7] la contrainte par corps s'exerça de plein droit, pour toutes sortes de dettes, pendant plus de huit siècles : tous les jugemens, sans aucune distinction, emportèrent la contrainte par corps ; le débiteur en retard

---

[1] *Plutarque,* Vie de Solon, chap. xv ; *Montesquieu,* Esprit des Lois, liv. xx, chap. xv.

[2] *Denis d'Halicarnasse,* liv. iv, chap. ix et xliii ; *Niebuhr,* histoire romaine, traduction de M. *de Golbery,* t. 2, p. 172.

[3] *Aulugelle,* liv. xx, chap. i.

[4] *Tite-Live,* liv. viii, chap. xxviii.

[5] *Suétone,* Jules, chap. xlii.

[6] *Code Justinien,* titre : *Qui bonis cedere possunt.* Novelle 135. L. 6, 16, 17, 18, 20 et 21 ff. *de re judicata.* L. 63, *pro socio.*

[7] Il en était de même en Allemagne. Voyez mon article dans la *Gazette des Tribunaux* du 27 octobre 1831.

d'exécuter la condamnation, pouvait, après la discussion
de ses biens meubles et immeubles, y être contraint par
emprisonnement de sa personne. *Saint Louis*, le premier,
en 1254, entreprit de restreindre l'usage de ce moyen
coercitif[1]. *Philippe-le-Bel* statua, par son ordonnance
de 1304, que nul ne serait atteint par la contrainte par
corps, s'il ne s'y était formellement soumis. Toutefois,
cette stipulation devint bientôt une formule dans les actes
notariés, en sorte que l'ancien état des choses n'éprouva
aucun changement.

D'un autre côté on avait reçu en France le principe du
droit romain d'après lequel, lorsque le débiteur faisait
cession de biens, on ne pouvait plus l'emprisonner.

Plusieurs ordonnances de nos rois ont reconnu en
termes formels à la contrainte par corps la qualité d'un
moyen d'exécution des obligations. L'édit du mois de
février 1535, concernant la conservation de Lyon, or-
donna que les jugemens de ce tribunal pourraient être
exécutés par prise de corps et de biens, dans tout le
royaume, sans *visa* ni *pareatis*. L'édit de 1563 qui établit
la juridiction consulaire de Paris, voulut que les sentences des consuls, provisoires ou définitives, qui n'excé-
deraient pas 500 livres, pussent être exécutées par corps.

L'article 48 de l'ordonnance de Moulins établit la contrainte par corps pour l'exécution de toute condamnation
quelconque, sans aucune différence entre les dettes civiles
et les dettes commerciales. Toutefois l'emprisonnement
ne pouvait avoir lieu qu'après l'expiration de 4 mois, à
partir de la signification du jugement.

Sous le règne de *Louis* XIV, la distinction entre les
dettes civiles et les dettes commerciales s'introduisit dans
les lois: la contrainte par corps ne fut admise que par
exception et pour des cas rares en matière civile; elle fut
considérée comme de droit commun en matière commerciale.

L'ordonnance de 1667 est la première qui contient des
dispositions plus précises sur la matière[2]. En abrogeant
l'article 48 de l'ordonnance de Moulins, elle permit dans

[1] *Senescallis nostris inhibimus ne pro cumque debito, aliquem sub-
jectorum capiant, aut captum retineant.* (Ordonnances des rois de France,
t. 1, p. 72.)
[2] Pothier, *Traité de la procédure civile*, cinquième partie, chap. 1.

un seul cas de stipuler la contrainte par corps, savoir
pour le paiement des fermages de biens ruraux : en outre
elle autorisa [10] les juges à la prononcer, sans stipulation
préalable, en matière civile, dans les cas de réintégrande
pour délaisser un héritage en exécution de jugement:
pour stellionat [11], pour dépôt nécessaire, consignation
faite par ordonnance de justice ou entre les mains de personnes publiques [12], représentation de biens par les sé-
questres, commissaires ou gardiens [13], contre les tuteurs
et curateurs, marguilliers ou fabriciens, administrateurs
d'hôpitaux et receveurs des deniers des villes, mais seulement après les quatre mois à partir de la signification
du jugement définitif de condamnation, pour les sommes
qu'ils doivent à raison de leur administration : enfin, contre toutes personnes, après les mêmes quatre mois, pour
les dépens, restitutions de fruits et dommages-intérêts,
lorsque ces condamnations s'élevaient au-dessus de deux
cents livres. En matière de commerce, la contrainte par
corps pouvait avoir lieu pour lettres de change, quand
il y avait remise de place en place, et pour dettes entre
marchands, pour faits de marchandises dont ils se mêlent.
Cette dernière disposition trouva son complément dans
l'ordonnance du commerce de 1673, dont le seul article
relatif à la matière est ainsi conçu (titre 7 article 1).
« Ceux qui auront signé des lettres ou billets de change
« pourront être contraints par corps : ensemble ceux qui
« y auront mis leur aval, qui auront promis d'en fournir
« avec remise de place en place, qui auront fait des pro-
« messes pour lettres de change à eux fournies ou qui le
« devront être ; entre tous négocians ou marchands qui

[10] C'était pour les juges un droit et non un devoir de prononcer la contrainte par corps dans les cas indiqués : leur refus n'avait rien d'illégal.
Questions de droit, v° *Contrainte par corps*, § 4. Il en est autrement
aujourd'hui.

[11] L'ordonnance de 1555, art. 14, avait déjà prononcé, contre le stellionat, *les peines de droit*. Rép., v° *Vente*, § 2, n° 9.

[12] Ce terme comprend les greffiers, avocats, procureurs et huissiers,
pour la reddition des pièces qui leur ont été confiées. Jousse, sur l'art. 4
du tit. 34 de l'ordonnance.

[13] Les adjudicataires de meubles et immeubles vendus judiciairement
pouvaient aussi être contraints par corps à en payer le prix. C'était la disposition de plusieurs coutumes (Orléans, art. 439), et le droit commun
du royaume.

« auront signé des billets pour valeur reçue comptant
« ou en marchandises, soit qu'ils doivent être acquittés
« à un particulier y nommé, ou à son ordre ou au porteur.»
Relativement au commerce maritime, l'ordonnance de
1673, tit. 7, art. 2, et celle de 1681, livre 1, tit. 3, art 5,
voulaient que les jugemens en matière de vente et
achat de vaisseaux, fret ou nolis, engagement ou
loyers de matelots, assurance, grosse aventure ou autres contrats concernant le commerce et la pêche de la
mer, emportassent pareillement la contrainte par corps.
L'article 6 de la seconde ordonnance permettait en outre
aux parties de s'obliger par corps en tout contrat maritime, et aux huissiers d'emprisonner en vertu de cette
soumission, sans qu'il fût besoin de jugement.

Par l'art. 5 du tit. 34 de l'ordonnance de 1667, le législateur avait déclaré qu'il n'entendait point déroger au privilége des deniers royaux, ni à celui des foires, ports,
étapes et marchés, et des villes d'arrêt [1]. Le privilége
des deniers royaux avait été étendu par l'ordonnance des
eaux et forêts de 1669, tit. 15, art 27, et par l'ordonnance
des fermes du mois de juillet 1681.

En matière criminelle, la contrainte par corps avait
lieu pour l'exécution des condamnations pécuniaires. (Ordonnance de 1670, tit. 25, art. 20; ordonnance de 1673,
tit. 34, art. 9 [1]). L'ordonnance de 1669, tit. 32, art. 18,
renfermait une disposition spéciale relative aux délits forestiers.

L'ordonnance de 1667 exemptait de la contrainte par
corps, les filles et les femmes mariées, ainsi que les septuagénaires [1] : mais ce privilége cessait dans certains
cas. D'autres exemptions existaient en faveur des ecclé-
siastiques (Edit du mois de juillet 1576; art. 57 de l'ordonnance de Blois, et art. 3 de la déclaration du 30 juillet
1710) : en faveur des maîtres, patrons, pilotes et matelots
étant à bord (ordonn. de 1681, liv. 2. tit. 1, art. 14); et
des fermiers du domaine du roi (arrêt du conseil du 3 fé-

[1] Pothier, à l'endroit cité.
[1] Rép., v° *C. p. c.*, n° 4; Ferrière, *Dictionnaire du droit*, ibid.
[1] L'ordonnance du commerce de 1673 ne rappelait point cette exception; mais la jurisprudence décidait que ce silence n'équivalait point à une
abrogation. Rapport à la Ch. des D. 1832, p. 21.

vrier 1672). La jurisprudence exceptait encore les mineurs et les gens de guerre[11].

La législation ne renfermait aucune disposition spéciale relative à la contrainte par corps contre les étrangers : mais de ce que l'ordonnance de 1254, et l'art. 4 du tit. 34 de l'ordonnance de 1667, avaient défendu de condamner par corps en matière civile aucun *sujet du roi*, sinon dans les cas exprimés, on a tiré la conséquence que la contrainte par corps pouvait être prononcée indéfiniment contre les étrangers[12].

Tel était l'état de la législation à l'époque de la révolution de 1789.

§ 2. *Lois rendues sur la matière depuis* 1789 *jusqu'en* 1832.

Le 9 mars 1793, au moment même où elle venait de décréter l'établissement du tribunal révolutionnaire, la Convention nationale déclara que la contrainte par corps pour dettes était abolie[13].

Vingt-et-un jours après, le 30 du même mois, ce moyen coërcitif fut rétabli contre les comptables de deniers publics.

Trois ans plus tard, lorsque l'orage révolutionnaire fut un peu calmé, le commerce réclama avec force le rétablissement de la contrainte par corps ; loin de produire aucun bien, la loi d'abolition n'avait eu d'autre effet que d'ouvrir la porte à la mauvaise foi. La loi du 24 ventôse an V déclara que cette contrainte continuerait d'exister pour l'exécution de toutes les obligations qui y donnaient lieu, suivant les lois antérieures.

[11] Pothier, *ibid.* à la fin du § 2 ; Jousse, *ibid.*, et sur l'art. 8. Rép. *ibid.* n° 23.

[12] Pothier, *ibid.*; Jousse, *ibid.*; Rép., *ibid.*, n° 7. M. *Mallarmé*, orateur du tribunat, dans la séance du Corps législatif du 10 septembre 1807.

[13] La Convention paraît avoir suivi, dans cette déclaration, l'impulsion donnée par l'Assemblée constituante, qui frappa la contrainte par corps de réprobation, sans l'abolir. Témoin, entre autres, l'art. 54 de la loi du 17 juin 1791, sur l'organisation du Corps législatif. En autorisant à exercer la contrainte par corps contre les membres de l'Assemblée, il ajoute : *Tant que la contrainte par corps aura lieu.*

Cette loi en appelait nécessairement une autre : elle n'avait fait que poser le principe : restait à organiser le système. Les lois antérieures avaient été modifiées par la jurisprudence ; elles ne répondaient plus au nouvel état de la société en France : elles ne suffisaient plus à ses besoins. La loi nouvelle fut rendue le 15 germinal an VI; elle est divisée en trois titres : le premier concerne la contrainte par corps en matière civile (et dans cette catégorie on range aussi ce qui est relatif aux deniers publics). Le second concerne les matières commerciales [10]. Le troisième titre est destiné à régler le mode d'exécution des jugemens qui prononcent la contrainte par corps, soit en matière civile, soit en matière de commerce.

Une autre loi, intervenue le 4 floréal suivant, assujétit à la contrainte par corps les étrangers non domiciliés en France et débiteurs de Français. Elle ajouta, art. 4, la disposition suivante : « Tout Français qui s'est soumis à « la contrainte par corps en pays étranger, pour l'exécu- « tion d'un engagement qu'il y a contracté, y est également « contraignable en France. »

Le code civil n'a considéré la contrainte par corps que relativement aux matières civiles [11]; il énumère les cas dans lesquels le juge doit la prononcer, et ceux dans lesquels elle peut être valablement stipulée.

L'art. 2070 déclare positivement qu'il n'est point dérogé aux lois particulières qui autorisent la contrainte par corps en matière de commerce, ni aux lois de police correctionnelle, ni à celles qui concernent l'administration de deniers publics. Ainsi, des trois titres dont se compose la loi du 15 germinal an VI, le premier fut seul abrogé par le code civil, et les deux autres continuèrent à demeurer en vigueur. En même temps l'art. 2063 de ce code a abrogé la disposition de l'art. 4 de la loi du 4 floréal an VI [12].

Le code de procédure civile, mis en vigueur le 1er janvier 1807, renferme, art. 126, 191, 201, 213, 221, 534, 552, 690, 712, 714 et 744, plusieurs dispositions qui

[10] Ces dispositions sont impératives, et il n'est pas permis au juge de refuser la contrainte par corps quand elle est demandée par le créancier. Locré, *Esprit du code commerce*, t. 8, p. 145 et 514.
[11] Les juges sont également obligés à prononcer la contrainte par corps. Locré, *ibidem.*
[12] Locré, *Législation civile*, t. 15, p. 616; Rép., v° *C. p. c.*, n° 7.

8

tiennent au fond du droit, en établissant quelques cas où
le juge est tantôt autorisé, tantôt obligé à prononcer la
contrainte par corps. Ce code détermine en outre les
formes de l'emprisonnement (art. 780 et suiv.). Ces formes
s'appliquent aussi bien au mode d'exécution des jugemens
des tribunaux de commerce, qu'à celui des jugemens des
tribunaux ordinaires. Ainsi, le tit. 15 du liv. 5, part. 1re du
code de procédure civile, a abrogé toutes les dispositions
du tit. 3 de la loi du 15 germinal an VI, qui étaient relatives à la forme d'exécution. D'un autre côté il résultait du
silence du code, qu'il laissait subsister la loi de germinal
en tout ce qu'elle concernait le fond du droit, c'est-à-dire,
les cas où l'emprisonnement pouvait avoir lieu, les personnes qui y étaient sujettes, et les causes qui le faisaient
cesser. Cette proposition était féconde en conséquences[23].
Le code de procédure civile contient (art. 800 et suiv.),
l'énumération des cas où le débiteur obtiendra son élargissement, et cette énumération diffère de celle qui se trouvait aux art. 14 et 18 du tit. 3 de la loi de germinal. La
jurisprudence reconnut que les dispositions relatives à la
durée de l'emprisonnement tenaient au fond du droit, et
que, par suite, les art. 800 et suiv. du code de procédure
civile n'abrogeaient point les art. 14 et 18 de la loi antérieure, mais que les premiers étaient applicables aux matières civiles, et les autres aux matières commerciales[24].

[23] Il ne faut pas oublier que je parle de l'état des choses antérieur à la
loi du 17 avril 1832.
[24] Ainsi le septuagénaire, exempt de la contrainte par corps en matière
civile (hors le cas du stellionat) n'y était pas moins sujet en matière commerciale (avis du Conseil d'Etat du 6-11 brumaire an XII, rapporté au Rép,
v° C. p. c., n° 20; et par M. Pardessus, t. 5, n° 1509). En matière commerciale, le débiteur incarcéré pouvait obtenir son élargissement par le paiement du tiers de la dette, et une caution pour le surplus; il l'obtenait de
plein droit moyennant une détention de cinq années consécutives. Ces
deux causes de cessation de l'emprisonnement n'avaient pas lieu en matière civile. Enfin, le débiteur d'une dette commerciale, élargi faute de
consignation d'alimens, ne pouvait plus être incarcéré pour la même
dette : il en était autrement en matière civile. Questions de droit, v° Contrainte par corps, §10; Favard, §2, nos 4 et 5. Rejet, 12 frimaire an XIV,
10 juin 1807; cassation, 3 février et 15 juin 1813, et 7 août 1815;
Caen, 9 mars 1826. Montpellier, 17 août 1827. Grenoble, 15 mars 1830.
Sirey, 1806, 1, 159; 1807, 1, 515; 1813, 1, 201 et 573; 1816, 1,
111; 1828, 2, 15; 1830, 2, 510. Exposé des motifs du projet de 1818.
Sirey, 1818, 2, 220; M. Dalloz, t. 2, p. 760, 818 et suiv.

Dans l'ordre chronologique des lois rendues sur la matière, vient maintenant celle du 10 septembre 1807, relative à la contrainte par corps contre les étrangers non domiciliés en France. Cette loi a substitué des dispositions plus étendues à celles contenues dans la première partie de la loi du 4 floréal an VI; nous en parlerons aux articles 14 et suiv. de la loi du 17 avril 1832.

Le Code de commerce, exécutoire à compter du 1er janvier 1808, ne parle de la contrainte par corps que dans 3 articles (209, 625 et 637), d'une manière purement énonciative et qui suppose une législation spéciale. Ainsi ce Code a laissé subsister le tit. 2 de la loi du 15 germinal an VI, et ce titre a formé, jusqu'à la loi du 17 avril 1832, le droit en vigueur relativement aux cas où la contrainte par corps avait lieu en matière de commerce [24]. Le même Code a établi, dans les articles 455, 466, 468 et 490, des mesures provisoires et temporaires contre la personne du failli, lesquelles diffèrent essentiellement de l'exercice ordinaire de la contrainte par corps.

Le Code d'instruction criminelle (art. 80, 120, 157, 355, 452, 454 et 456) et le Code pénal (art. 46, 52, 53, 457 et 469), reconnaissent en principe (abstraction faite non seulement de l'arrestation provisoire du prévenu durant l'instruction, mais encore de l'emprisonnement prononcé comme peine), que la contrainte par corps a lieu pour le recouvrement des amendes, des condamnations en restitution, dommages, intérêts et frais en matière criminelle, correctionnelle ou de police, que ces condamnations pécuniaires aient été prononcées, soit au profit de l'État ou d'établissemens publics, soit de particuliers. Le Code forestier, art. 211 à 217 [26], et la loi sur la pêche fluviale, art. 75 à 82, ont sanctionné le même principe. Les art. 211 et 215 du Code forestier et l'art 77 de la loi sur la pêche fluviale établissent des dispositions nouvelles relatives à la forme de procéder dans l'application de la contrainte par corps. Dans les autres cas le mode à suivre à cet égard était jusqu'ici celui prescrit par le titre de l'emprisonnement au Code de procédure civile, qui pouvait être regardé comme formant le droit commun en cette matière [27].

---

[24] Questions de droit, *ibid.* Favard, *ibid.* Sirey, 1818, 2, 220.

[26] Voyez sur ces articles notre *Code forestier annoté.* Paris, 1828, chez Gustave Pissin.

[27] Merlin, Questions de droit, v° *Amende*, § 2.

Le décret du 18 juin 1811, relatif aux frais de justice criminelle, ne renferme qu'une seule disposition dérogatoire
à celles du Code de procédure civile : c'est l'art. 175 concernant le mode de signification du titre.

Quant aux rétentionnaires de deniers ou effets mobiliers
publics, l'exercice de la contrainte par corps a été formellement consacré par la loi du 30 mars 1793. Les dispositions de cette loi, rappelées dans celle du 15 germinal
an VI, ont été maintenues par l'art. 2070 du Code civil.
Dans le sens qu'on attachait généralement à la loi de 1793,
tout rétentionnaire ou débiteur direct de deniers de l'État,
des établissemens publics ou des communes était soumis
à l'exercice de la contrainte par corps. Une loi spéciale
du 4 germinal an II, avait renouvelé les dispositions de
la loi de 1793, contre les redevables des droits de douanes
ainsi que pour les amendes et confiscations qui y étaient
accessoires. Un avis du conseil d'État du 28 thermidor—
7 fructidor an XII (Bull. des lois 4e série t. 1), déclarait
que la loi du 4 germinal an II n'était pas rapportée. —
Suivant l'article 2 de la loi du 13 frimaire an VIII, et le
décret du 31 janvier 1806, les receveurs des contributions
indirectes, les receveurs et payeurs généraux et les receveurs particuliers étaient contraignables par corps en
vertu d'arrêtés qui constataient leurs débets **. L'art. 52 du
décret du 1 germinal an XIII avait appliqué la loi de 1793
aux redevables d'obligations souscrites envers la régie des
contributions indirectes par suite de crédits obtenus. Aux
termes du décret du 15 novembre 1810, le recouvrement
des droits d'octroi se poursuivait par voie de contrainte et
par corps, contre tout régisseur, fermier, receveur et autre
préposé à la recette desdits droits. Un autre décret du 26
septembre 1811 déclarait ces dispositions applicables aux
fermiers du droit de pesage et mesurage.

La forme de procéder dans cette matière était également, jusqu'à la publication de la loi du 17 avril 1832,
celle prescrite par le Code de procédure civile, à la seule
différence que l'emprisonnement pouvait être exécuté
sans jugement préalable, en vertu de simples contraintes,

** On peut voir à ce sujet la décision des ministres de la justice et des
finances, du 18 brumaire an XIV et du 22 avril 1806, et l'ordonnance
du 6 décembre 1820, Sirey, 1806, 2, 222; 1821, 2, 82.

décernées par les administrations financières et revêtues du visa d'un magistrat de l'ordre judiciaire [9].

Par exception à toutes les dispositions que nous venons d'analyser, l'art. 51 de la Charte du 4 juin 1814 et l'art. 45 de celle de 1830 ont établi qu'aucune contrainte par corps ne peut être exercée contre un membre de la Chambre des députés durant la session, et pendant les six semaines qui l'auront précédée ou suivie. L'art 34 de la Charte de 1814 (30 de celle de 1830), déclare qu'aucun pair ne peut être arrêté que de l'autorité de la chambre. Par application de cette disposition la chambre des pairs a décidé, le 25 avril 1822, qu'aucune contrainte par corps ne saurait être exercée contre la personne d'un pair pour dettes purement civiles [10]. Cependant la chambre est revenue sur cette décision, conçue peut-être d'une manière trop générale; et le 24 septembre 1831, elle a accordé aux créanciers de M. le vicomte Dubouchage l'autorisation de poursuivre l'exécution de jugements portant contrainte par corps [11].—L'autorisation de la chambre est nécessaire, même lorsque les dettes et condamnations sont antérieures à l'élévation à la pairie. Paris, 9 juin 1826 [12].

Une autre exemption a été introduite par la jurisprudence. Le militaire appelé au service en vertu de la loi du recrutement, et déjà incorporé, ne peut, tant qu'il reste en activité de service, être incarcéré pour dettes. Cette exception dérive d'une condition essentielle à l'existence de la force militaire : elle tient à l'ordre public. Caen, 22 juin 1829 [13]. L'art. 3, tit. 3 de la loi du 8 juillet 1791, relative à la conservation et au classement des places de guerre, paraît appuyer cette jurisprudence. Plus tard, par un décret du 24 messidor an II, la Convention nationale déclara cependant qu'il n'y avait pas lieu à délibérer sur la proposition qui avait été faite de suspendre l'effet de toutes créances et actions civiles contre les défenseurs

---

[9] Rép., v° *Contrainte* (finances) et v° *Comptable*.

[10] Questions de droit, v° *Contrainte par corps*, § 12. Sirey, 1822, **2**, 270.

[11] *Gazette des Tribunaux* des 5 et 6 janvier, et 4 avril 1829, 27 janvier, 26 et 27 septembre 1851.

[12] Sirey, 1827, 2, 68. Voy. encore 1852, 2, 146.

[13] Sirey, 1829, 2, 208.

de la patrie : mais alors existait déjà la loi d'abolition du
9 mars 1793. — (M. Pardessus, t. 5, n° 1509, soutient
l'opinion contraire.)

Cette exception doit, d'après sa nature, être commune
au militaire en congé, comme à celui qui se trouve sous
les drapeaux. — Mais pourrait-elle être invoquée en faveur du soldat qui s'est engagé volontairement, après
avoir contracté des obligations? Il nous semble que cet
engagement pourrait être attaqué comme fait en fraude
des créanciers. — Aussi l'exception ne s'applique pas aux
simples conscrits non incorporés, ainsi que l'a reconnu
l'arrêté des consuls du 7 thermidor an VIII [1].

Voilà l'exposé de la législation antérieure à la loi du 17
avril 1832.

§ 3. *Travaux préparatoires de la loi du 17 avril 1832 ;
esprit général de cette loi.*

Depuis 1816 une foule de pétitions ont été présentées
aux chambres sur la matière. Quelques esprits éclairés re-
poussaient entièrement la contrainte par corps; elle est
contraire, disaient-ils, à la dignité de l'homme, et incompatible avec l'état actuel de la société et de la législation.
D'autres voix se sont bornées à des réformes partielles : on
a demandé que le législateur fît cesser les différences qui
existent entre la contrainte par corps en matière civile et
celle exercée en matière de commerce : on a sollicité une
réduction du temps d'épreuve fixé à cinq ans, ainsi qu'une
augmentation du taux des alimens qui serait en proportion avec le prix actuel des denrées. Quelques réclamans
voulaient que les étrangers non domiciliés en France et
arrêtés pour dettes, eussent les mêmes droits que les
regnicoles.

Ces demandes ont donné lieu à diverses propositions de
lois, qui toutes tendaient à adoucir l'effet de la contrainte
par corps. En 1817, un premier projet fut présenté à la
chambre des députés : mais la session fut close sans que la
discussion ait été terminée. En 1818, un second projet
plus étendu, d'abord adopté par la chambre des députés,
fut discuté par la chambre des pairs et ne fut point

[1] Rép., v° *Contrainte par corps*, n° 24.

13

adopté ''. Durant la session de 1821 un troisième projet, uniquement relatif aux alimens des détenus, adopté par la chambre des pairs, ne fut point soumis à la chambre des députés.

En 1828, M. Jacquinot-Pampelune, alors procureur-général à la cour royale de Paris et député, développa dans la chambre des députés une proposition tendante à la révision des lois relatives à la contrainte par corps. Cette proposition devint la base d'un projet présenté, en 1819, par le gouvernement à la chambre des pairs, qui l'adopta avec quelques amendemens. Le temps manqua à la chambre des députés pour s'occuper de ce projet pendant la même session. Dans les premiers mois de 1830, M. Jacquinot-Pampelune représenta à la chambre des députés sa proposition primitive, telle que l'avait modifiée la chambre des pairs, s'écartant en un point seulement des délibérations de cette chambre ''. La proposition fut renvoyée à une commission qui proposa quelques modifications de détail et l'addition d'une section sur la contrainte par corps en matière de deniers et effets publics. Le travail de cette commission, sans aucun changement, a été présenté par le gouvernement, dans la session suivante, à la chambre des pairs. Ce projet, modifié par quelques amendemens, est devenu la loi du 17 avril 1832.

Cette loi, en maintenant le principe de la contrainte par corps, le rend plus équitable et plus humain. Elle apporte des adoucissemens notables à la position des débiteurs, en précisant les causes de la contrainte par corps mieux qu'elles n'avaient été définies par les lois antérieures, en rendant l'emprisonnement temporaire dans les cas où il était perpétuel, en abrégeant sa durée lorsqu'il était temporaire, et en proportionnant cette durée à l'importance de la dette qui est la cause de l'arrestation. Elle étend les exceptions favorables, surtout en affranchissant la vieillesse des rigueurs de l'emprisonnement et en défendant aux juges de le prononcer à la requête de ceux auxquels les sentimens de la nature et les convenances sociales en interdisent l'usage.

'' Questions de droit, v° *Contrainte par corps.* Additions, p. 706 et 707.
'' C'est une disposition transitoire relative à la libération des débiteurs ayant atteint leur 70e année. (Art. 42 de la loi.)

Nous n'entrerons point dans l'examen des argumens de ceux qui ont réclamé la suppression de la contrainte par corps [17]. Tout a été dit à cet égard par M. Crivelli [18] et par les jurisconsultes et hommes d'état qui ont pris part à la confection des lois sur la matière [19]. Dans un ouvrage uniquement destiné à l'exposition et à l'explication de la loi positive, il suffira de faire observer que le principe de la contrainte par corps a été maintenu, non pour l'intérêt privé du créancier, mais dans les cas seulement où l'intérêt général de la société se lie à celui du créancier, et qu'elle a été conservée dans l'intérêt du débiteur lui-même; enfin, que ce mode de coaction a été entouré de précautions et soumis à des restrictions qui en préviennent les abus. Nos législateurs, en protégeant d'une manière expresse et générale la liberté de l'homme, ont circonscrit la contrainte par corps dans d'étroites limites : ils ne l'ont admise que sous deux conditions restrictives : la première c'est qu'elle n'a lieu que dans des circonstances rares et déterminées. Cette condition ou règle limitative, qui domine toute la matière, est consignée dans l'art. 2063 du code civil, ainsi conçu : « Hors les cas dé-« terminés par les articles précédens, ou qui pourraient « l'être à l'avenir par une loi formelle, il est défendu à tous « juges de prononcer la contrainte par corps; à tous notai-« res et greffiers de recevoir des actes dans lesquels elle « serait stipulée, et à tous Français de consentir pareils « actes, encore qu'ils eussent été passés en pays étranger : « le tout à peine de nullité, dépens, dommages et intérêts. »
La seconde condition apposée à l'admission du principe

[17] J'ai exposé mes propres vues sur cette question dans un article du *Journal critique de jurisprudence étrangère* qui paraît à Heidelberg, vol. 3, p. 541. La *Revue encyclopédique* en a rendu compte, t. 50 (avril, mai et juin 1831), p. 124.
[18] *De la Contrainte par corps considérée sous les rapports de la morale, de la religion, du droit naturel et du droit civil, et dans l'intérêt de l'humanité en général.* Paris, chez Gustave Pissin, 1830.
[19] Discussion de la loi du 9 mars 1793. Locré, Législation civile, commerciale et criminelle de la France, t. 15, p. 460; Discussion de la loi du 24 ventôse an V, *ibidem.*, p. 462; Discussion de la loi du 15 germinal an VI, *ibidem.*, p. 508. Voyez enfin la Discussion de la loi du 17 avril 1852, notamment l'Exposé des motifs de 1829, p. 14 et 19; le Rapport de 1829, p. 3; le Rapport fait sur la proposition de M. Jacquinot, p. 6; le Rapport de la commission de la Chambre des Députés de 1832, p. 2.

de la contrainte par corps, c'est que le législateur n'a permis de ravir à l'homme sa liberté que pour un temps assez court, et que le débiteur peut, même avant l'expiration de ce temps, la recouvrer dans beaucoup de circonstances qui ne font pas cesser les autres moyens d'exécuter les obligations. C'est ce qu'attestent les dispositions des articles 5, 7, 13, 17, 18, 24, 34, 35, 39 et 40 de la loi du 17 avril 1832, et l'art. 800 du code de procédure civile.

Parmi les nombreux monumens de notre législation qui se rapportent à la matière, la loi du 17 avril 1832 n'abroge que celle du 15 germinal an VI, plus les dispositions relatives au cas où la contrainte par corps a lieu en matière de deniers et effets mobiliers publics, et enfin la loi du 10 septembre 1807, que le législateur a fondue dans les art. 14 et suivans de la nouvelle loi : l'art. 46 est formel à cet égard. La loi du 17 avril 1832 laisse subsister les dispositions du code civil, du code de p. c. et du code de c. concernant la contrainte par corps et le bénéfice de cession, les articles cités du code d'instruction criminelle, du code pénal, du code forestier et de la loi sur la pêche fluviale, ainsi que les lois relatives au mode des poursuites à exercer contre les débiteurs de l'état, des communes et des établissemens publics; c'est ce que porte la seconde partie de l'art. 46.

CHAPITRE II.

SYSTÈME GÉNÉRAL DES LOIS QUI RÉGISSENT AUJOURD'HUI LA CONTRAINTE PAR CORPS.

La loi du 17 avril 1832 forme le complément des lois antérieures relatives à la contrainte par corps, et la législation aujourd'hui en vigueur sur la matière constitue un ensemble complet. Pour s'en faire un idée exacte, il faut distinguer les dispositions qui tiennent au fond du droit, de celles qui concernent les formes de procédure. Les premières se divisent en cinq classes, selon la diversité des obligations qui emportent l'exercice de la contrainte par corps. En effet, ce mode d'exécution peut avoir lieu en matière de commerce, en matière civile ordinaire, en matière de deniers et effets mobiliers publics, en matière

criminelle, correctionnelle et de police, et enfin contre
les étrangers. Dans chacune de ces cinq classes il faut encore, relativement au fond du droit, distinguer quatre
points principaux, savoir : les cas où l'emprisonnement
peut avoir lieu, le montant des sommes exigées pour
qu'elle puisse être prononcée, les personnes qui y sont
sujettes, et les causes qui la font cesser. Nous parlerons,
enfin, de la forme de l'emprisonnement et des obligations
qu'il entraîne pour le créancier. Voici donc le système
général de la législation.

A. DISPOSITIONS QUI TIENNENT AU FOND DU DROIT.

I. *Cas où la contrainte par corps peut avoir lieu.*

En matière commerciale la contrainte par corps *est de
droit commun* : elle doit être prononcée dans les cas indiqués à l'art. 1 de la loi du 17 avril 1832.

Les art. 2059 à 2065 du code civil, et les art 126, 191,
201, 213, 221, 534, 552, 690, 712, 714 et 744, du code de
procédure civile, contiennent l'énumération des engagemens pour lesquels, *par exception*, la contrainte par
corps doit ou peut avoir lieu en matière civile.

Les cas où les débiteurs de l'Etat, des communes et des
établissemens publics, sont contraignables par corps, se
trouvent énoncés aux articles 8 à 13 de la loi du 17 avril
1832.

En matière criminelle, correctionnelle et de police,
toutes les condamnations pécuniaires emportent la contrainte par corps (art. 80, 120, 157, 355, 452 et 456 du code
d'instruction criminelle ; art. 46, 52, 467 et 469 du code
pénal ; art. 211 à 217 du code forestier ; art. 75 à 82 de la
loi sur la pêche fluviale).

L'étranger débiteur d'un Français peut être arrêté, non
seulement en vertu d'un jugement de condamnation, mais
encore avant le jugement, dès que la dette est échue ou
exigible : pourvu, toutefois, qu'il s'agisse d'une somme
principale au-dessus de 150 francs (art. 14 et suiv. de la
loi du 17 avril 1832).

II. *Pour quelles sommes la contrainte par corps peut-elle avoir lieu ?*

Aujourd'hui la contrainte par corps ne peut plus être

prononcée pour la somme la plus modique, ainsi que le permettait la législation antérieure dans la plupart des cas. En matière commerciale la dette doit être de 200 fr. au moins, en principal (art. 1 de la loi du 17 avril.) : en matière civile, de 300 fr. (art. 2065 du code civ.) : de 300 fr. s'il s'agit de deniers ou effets mobiliers publics (article 13 de la loi du 17 avril) : enfin elle ne peut être au-dessous de 150 fr. si le débiteur est un étranger non domicilié en France (art. 14 *ibid.*).

III. *Personnes sujettes à la contrainte par corps.*

En matière commerciale ce mode d'exécution a lieu contre toutes personnes (art. 1 de la loi du 17 avril 1832), à l'exception de celles désignées aux art. 2, 3, 4, 19 et 21 de la même loi.

En matière civile il est également de règle que la contrainte par corps peut être exercée contre toutes personnes : les exceptions se trouvent dans les art. 2064 et 2066 du code civil, et dans les art. 19 et 21 de la loi du 17 avril 1832.

En matière de deniers et effets mobiliers publics, les art. 8, 9, 10, 11 et 12 de la nouvelle loi contiennent l'énumération limitative des personnes soumises à la contrainte par corps.

En matière criminelle, correctionnelle et de police, il n'existe aucune exception à la règle générale.

Les étrangers n'en sont exceptés que dans les cas indiqués aux art. 19 et 21 de la nouvelle loi.

IV. *Causes qui font cesser l'emprisonnement.*

En matière de commerce la détention cessera dans les cas indiqués aux art. 5, 6 et 30 de la loi du 17 avril 1832. Au surplus les causes d'élargissement énoncées à l'art. 800 du code de procédure civile n° 1, 2 et 3 sont également applicables en matière de commerce, d'après l'art. 32 de la loi nouvelle.

En matière civile le jugement de condamnation fixera la durée de la détention dans les limites de 1 à 10 ans (art. 7) : dans les cas exceptionnels du § 2 de cet article de 1 à 5 ans. Au surplus les art. 24 et 30 de la loi et l'art. 800 du code de procédure civile trouvent leur application.

En matière de deniers publics la durée de la détention est réglée par les art. 7 et 13 de la loi : il y a lieu d'appliquer les art. 24 et 30 de cette loi, ainsi que l'art. 800 du code de procédure civile (art. 32 de la loi du 17 avril 1832).

En matière criminelle, correctionnelle et de police, la durée de la détention est assujétie aux règles et conditions déterminées par les art. 34, 35, 39 et 40 de la loi ; 212, 213 et 217 du code forestier ; 78, 79 et 82 de la loi sur la pêche fluviale.

La détention de l'étranger cessera dans les cas énoncés à l'art. 16 et aux époques indiquées aux art. 17 et 18 de la loi du 17 avril 1832. Les art. 24 et 30 de cette loi, et l'art. 800 du code de procédure civile (Voyez l'art. 32 de la loi) trouvent également leur application.

Relativement à la cession des biens, comme moyen de libération de la contrainte par corps, voyez les art. 1265 à 1270, du code civil ; les art. 898-906 du code de procédure civile, et les art. 566-575 du code de commerce.

B. DE LA FORME DE L'EMPRISONNEMENT ET DES OBLIGATIONS QU'IL ENTAÎNE POUR LE CRÉANCIER.

En matière commerciale et civile la forme de l'emprisonnement est réglée par le titre XV du livre V de la première partie du code de procédure civile.

Il en est de même en matière de deniers publics, suivant l'art. 32 de la loi du 17 avril 1832, sauf l'exécution des lois concernant le mode des poursuites à exercer contre les débiteurs de l'État, des communes et des établissemens publics, et qui ont été maintenues par l'art. 46. Ces lois spéciales sont relatives aux contraintes à décerner par les receveurs et autres employés des administrations financières, et qui ont force exécutoire sans être précédées d'un jugement [1].

En matière criminelle, correctionnelle et de police, les régles d'exécution de la contrainte par corps sont tracées par les art. 33 et 38 de la loi du 17 avril 1832, auxquels il faut ajouter les art. 97, 98, 105, 107 et 109 du code d'instruction criminelle, les art. 71 et 77 du décret du 18 juin 1811, le décret du 7 avril 1813 et l'ordonnance du 25 février 1832. Spécialement pour les affaires forestières, la

[1] Rép., v° *Contrainte* (*finances*) et v° *Comptable*.

forme de procéder se trouve dans les art. 211 et 213 du code forestier : la loi sur la pêche fluviale, art. 77, contient les mêmes dispositions.

Lorsque l'arrestation d'un étranger aura lieu en vertu d'un jugement, on observera les formes prescrites pour l'exercice de la contrainte par corps contre un Français. Il en est de même en cas d'arrestation provisoire, à la seule exception que le créancier ne sera pas tenu de se conformer à l'art. 780 du code de procédure civile (art. 32 de la nouvelle loi).

Les obligations du créancier qui a fait opérer l'emprisonnement, se composent de l'observation des formalités prescrites et de la consignation d'alimens. Les art. 28, 29 et 38, § 2, de la nouvelle loi, 216 du code forestier et 81 de la loi du 15 avril 1829, sont relatifs à cette seconde obligation. Il n'y a d'exception que dans les cas où il s'agit de condamnations prononcées au profit de l'État, à des amendes, restitutions, dommages-intérêts et frais en matière criminelle, correctionnelle et de police.

CHAPITRE III.

COMMENTAIRE DE LA LOI DU 17 AVRIL 1832 [1].

La loi est divisée en six titres.

Le premier contient les dispositions relatives à la contrainte par corps en matière de commerce : il est destiné à remplacer le titre 2 de la loi du 15 germinal an VI.

Le second est relatif à la contrainte par corps en matière civile. Il se subdivise en deux sections. La première concerne la contrainte par corps en matière civile ordinaire. La seconde concerne la contrainte par corps en matière de deniers et effets publics : elle réunit, dans une série d'articles, les dispositions éparses dans différentes lois.

Les dispositions relatives à la contrainte par corps contre les étrangers sont la matière du titre 3 : le législateur y a fondu la loi du 10 septembre 1807.

[1] Présentée à la Chambre des Pairs le 2 novembre 1831; adoptée dans la séance du 31 décembre. Présentée à la Chambre des Députés le 17 janvier 1832; adoptée le 5 avril 1832. Présentée de nouveau à la Chambre des Pairs le 10 avril 1832; adoptée le 14 du même mois. Sanctionnée le 17 avril. Promulguée au *Bulletin des lois*, n° 75, le 19 du même mois.

Le titre 4 contient des dispositions communes aux trois titres précédens. Il déroge à quelques articles du Code de procédure civile.

Le cinquième est relatif à la contrainte par corps en matière criminelle, correctionnelle et de police.

Le sixième enfin renferme les dispositions transitoires (R. de 1831, p. 7 et 39).

TITRE Ier.

Dispositions relatives à la contrainte par corps en matière de commerce.

Ce titre forme la partie principale de la loi. Ce sont en effet les condamnations commerciales qui ont seules excité les nombreuses réclamations soumises aux Chambres et au gouvernement depuis 16 ans : d'un autre côté c'est dans l'intérêt du commerce que l'on a insisté avec le plus de persévérance sur le maintien de la contrainte par corps. A des considérations puisées dans l'équité, la justice, les principes généraux du droit, viennent se mêler des considérations d'économie politique : le législateur a dû éviter, en cherchant à être équitable et juste, de tarir la source du crédit privé et de paralyser l'industrie (R. de 1831, p. 8).

ART. Ier. La contrainte par corps sera prononcée, sauf les exceptions et les modifications ci-après, contre toute personne condamnée pour dette commerciale au paiement d'une somme principale de deux cents francs et au-dessus.

2. Nous avons déjà fait observer que la contrainte par corps est un *moyen de coaction* à l'usage du créancier, pour forcer le débiteur à remplir ses engagemens. Nous verrons par la suite que l'emprisonnement est une *épreuve* qui interroge, au prix de sa liberté, les ressources du débiteur infidèle aux obligations qu'il a contractées. (6e observation sur l'art. Ier; première et 3e observations sur l'art. 5.)

L'idée d'une *peine* est incompatible avec la nature de la contrainte par corps. Une peine, quelle qu'elle soit, ne peut être prononcée qu'en vertu d'une loi qui qualifie le fait de délit ou de crime, selon les circonstances. Sans cela, quelque blamable que soit un acte de l'homme, dès lors qu'il n'est pas prévu par la loi pénale, il ne saurait donner lieu à l'application d'une peine. Les peines, d'ailleurs, ne se prononcent que dans l'intérêt de la vindicte publique et sur la poursuite des officiers préposés à cet effet : la contrainte par corps, au contraire, ne s'exerce que dans l'intérêt du particulier. Toute condamnation à une peine imprime une tache à celui qui l'a subie : la détention pour dette n'a, au contraire, rien de flétrissant.

2. Le texte de l'art. 1 est impératif, de même que l'étaient les dispositions de la loi de germinal. (Voy. les notes p. 4 et 7, nos 10, 20 et 21.) Ainsi le refus ou l'omission du juge, de prononcer la contrainte par corps quand elle est demandée par le créancier, serait un moyen de cassation. Toutefois la contrainte par corps ne peut être appliquée d'office; elle ne concerne que l'intérêt privé du créancier.

3. L'art. 1 décide une question controversée. La loi du 15 germinal an VI énumérait les actes commerciaux à l'occasion desquels la contrainte par corps devait être prononcée. Le Code de c., qui se tait sur la contrainte par corps, contient une énumération plus nombreuse des actes de commerce : cette énumération trace les limites de la compétence de tribunaux de commerce. Dans cette situation, les jurisconsultes et les tribunaux s'étaient divisés. Selon les uns, il n'y avait lieu à appliquer la c. par c. que dans les cas prévus par la loi du 15 germinal an VI : c'était la doctrine constante de la Cour de cassation : elle a été professée par M. Pardessus, dans son cours de droit commercial, t. 5, n. 1502. Selon les autres, la contrainte par corps était inhérente de plein droit aux matières commerciales : on doit, disaient-ils, rapprocher les dispositions de la loi du 15 germinal de celles du Code de commerce, combiner leur esprit, et autoriser cette voie d'exécution toutes les fois qu'il s'agit d'actes de commerce. Dans leur opinion la force du crédit est dans la garantie rigoureuse que ce mode d'exécution assure aux engagemens contractés; car la loi qui l'institue stipule surtout en faveur de celui qui emprunte, lorsqu'elle semble accorder à celui qui prête une protection toute spéciale, puisqu'il n'y aurait ni prêts ni avances possibles, si les débiteurs pouvaient impunément se refuser au remboursement. (Rapport de la commission chargée de l'examen de la proposi-

tion de M. Jacquinot, p. 4.) L'art. 1 décide la question [12] dans le second sens : il déclare contraignable par corps toute personne condamnée pour dette commerciale. Cette solution se présentait naturellement, puisqu'on abroge la loi du 15 germinal an VI, et que le Code de commerce reste seul avec sa nomenclature plus complète. Ainsi le terme *dettes commerciales*, employé dans l'art. 1, comprend toutes celles qui sont de la compétence des tribunaux de commerce (Exposé des motifs à la Ch. des P. 1829, p. 23. Rapp. *ibid.* 1831, p. 9). Cette disposition générale rend inutile tout examen ultérieur de la jurisprudence relative à la question de savoir si la contrainte par corps aura lieu pour tel ou tel acte de commerce. (Voir M. Pardessus, t. 5, n° 1503 et 1505. — 1507. M. Dalloz, t. III, p. 741.)

Le Code de commerce a fait passer dans notre droit public cette règle importante que la compétence se détermine, non à raison de la qualité des personnes, mais à raison de la nature des actes. La nouvelle loi respecte cette règle. (Exp. d. m. et R. *ibid.*) : et la disposition générale de l'art. 1, qui en forme la conséquence, est de toute justice. Les nombreuses condamnations prononcées par les tribunaux de commerce contre des individus étrangers au négoce, mais qui se livraient à des spéculations momentanées, prouvent que tout le monde, patentés ou non patentés, se mêle du commerce ; c'est une habitude dans ce siècle, où chacun veut faire une fortune rapide. Il faut donc accorder quelques garanties aux contractans. Si la garantie de la contrainte par corps n'existait pas, il n'y aurait point de frein pour les spéculations hasardeuses de celui qui tenterait de s'enrichir par un seule opération ; bien plus, on favoriserait des négocians de mauvaise foi, qui, pour jouer impunément les fonds d'autrui, sans avoir à courir aucun risque pour leur liberté, emploieraient successivement divers prête-noms. (Rapp. à la Ch. des D., 1832, p. 4 et 5.)

4. La contrainte par corps est un mode d'exécution exceptionnel et qui ne peut être employé pour toutes espèces d'obligations. De là il suit, que le terme général : *dettes commerciales*, doit cependant être interprété res-

[12] M. Locré (*Esprit du code de commerce*, t. 8, p. 116), soutient que la différence qui parait exister entre le code de commerce et la loi de germinal est dans les mots, non dans les choses.

trictivement et limité au débiteur lui-même; ce terme ne saurait être étendu aux individus obligés à la dette par une cause accessoire. Ainsi aujourd'hui, comme avant la loi du 17 avril 1832 (Cassation, 21 juillet 1824, S. 1825, I, 73), le particulier non commerçant qui cautionne une dette commerciale, n'est pas, à raison de ce fait, assujéti à la contrainte par corps, si d'ailleurs il ne s'y est pas soumis lors du cautionnement (art. 2060, du C. C. M. Dalloz, t. III, p. 759). De même le mari non commerçant n'est point tenu par corps des obligations commerciales contractées par sa femme marchande publique et commune en biens, et dont il se trouve être le cobligé suivant l'art. 220 du C. C. et l'art. 5 du Code de C. (M. Toullier, droit civil français, t. II, n° 639. M. Duranton, cours de droit français, t. II, p. 438. M. Pardessus, n° 1513. Lyon, 26 juin 1822. S. 1823, II, 222).

Mais la contrainte par corps peut être prononcée contre une personne qui, à l'instant où elle a souscrit l'obligation, y était soumise et ne l'est plus au moment où l'on en poursuit contre elle l'exécution. (M. Pardessus, n° 49 et 1509.)

5. Nous avons vu ci-dessus, qu'en certains cas la contrainte par corps ne peut être exercée contre les pairs de France, les députés et les militaires : il est presqu'inutile de faire observer que ces exemptions n'empêchent pas la prononciation de la contrainte par corps, mais seulement l'exécution. (M. Pardessus, n° 1509.)

6. La contrainte par corps est un moyen coërcitif pour amener le débiteur à remplir son engagement; mais comme on ne doit pas présumer que ce dernier sacrifie sa liberté pour soustraire sa fortune à ses créanciers, on suppose que, s'il ne paye pas, c'est en général parcequ'il ne lui reste pas de ressources pour s'acquitter. L'emprisonnement imposé au débiteur est donc une épreuve de sa solvabilité : c'est un moyen de vaincre la mauvaise volonté de celui qui chercherait à cacher son avoir. Or, comme épreuve, il lui faut des limites que la raison et l'humanité puissent avouer.

Dès lors la modicité de la somme, l'âge, le sexe, pour la plupart des cas au moins, commandent une dérogation au principe. (R. à la Ch. des D., 1832, p. 2.) La première de ces exceptions se trouve déjà écrite dans l'art. 1.

Avant la loi du 17 avril 1832, la contrainte par corps

pouvait être ordonnée, en matière de commerce, pour la somme la plus modique. (Locré, esprit, t. VIII, p. 124. Dalloz, t. III, p. 747.) Néanmoins quelques tribunaux de commerce, prenant en considération la nécessité de prémunir les créanciers contre leurs propres rigueurs, ne la prononçaient pas pour des créances au-dessous de 100 francs. La somme principale de 200 fr., admise comme limite par l'art. 1, est le moyen terme entre celles qu'indiquaient lesdites sentences des tribunaux, et la somme de 300 fr., au-dessous de laquelle le C. C. défend de prononcer la c. p. c. en matière civile. On a pensé qu'il fallait empêcher que la liberté d'un citoyen ne soit mise à un prix trop bas, et poser une limite au-dessous de laquelle on ne pût ravaler cette liberté. — D'un autre côté le législateur n'a pas trouvé que la somme de 200 fr. soit assez élevée pour faire craindre que le petit commerce soit privé des petites avances et du petit crédit dont il a besoin et qu'il n'obtient ordinairement qu'en considération de la voie d'exécution qu'on peut employer contre lui. (Exp. d. m. de 1829 p. 22. R. 1829, p. 9. R. sur la proposition de M. Jacquinot, p. 8. R. à la Ch. des P. 1831, p. 9. R. à la Ch. des D. 1832, p. 5.) Aussi un amendement consistant à réduire la limite à 100 fr., a été rejeté par la Ch. des P.

7. La défense de prononcer la contrainte par corps pour sommes au-dessous de 200 fr., est applicable aux engagemens de commerce antérieurs à la promulgation de la loi. Voyez plus bas nos observations sur les *Dispositions transitoires.*

8. L'art. 1, ne parle pas de dépens. Ce silence maintient la jurisprudence existante, d'après laquelle la contrainte par corps ne peut être prononcée pour les dépens. (Cass. 14 novembre 1809, 14 avril 1817, 4 janvier 1825, 30 décembre 1828 et 7 janvier 1832. S. 1810, I, 64, 1817, I, 225, 1825, I, 206, 1829, I, 156. Gaz. d. t. du 2 février 1832.)

Art. 2. Ne sont point soumis à la contrainte par corps en matière de commerce,

1° Les femmes et les filles non légalement réputées marchandes publiques;

2° Les mineurs non commerçans, ou qui ne sont point réputés majeurs pour fait de leur commerce;

3° Les veuves et héritiers des justiciables des tribunaux de commerce assignés devant ces tribaux en reprise d'instance, ou par action nouvelle, en raison de leur qualité.

1. Cet article rappelle trois des exceptions que comporte la règle suivant laquelle la compétence des tribunaux de commerce se détermine sur la nature des actes; ces exceptions sont établies en faveur du sexe, de l'âge de minorité et des successeurs.

2. Sur le n° 1, voyez l'art. 113 du C. de C.

La femme non marchande publique, qui garantit par un aval un billet souscrit par son mari, n'est pas contraignable par corps. Bruxelles, 13 novembre 1830. S. 1831, II, 63.

La femme marchande publique n'est pas contraignable par corps à raison d'un simple cautionnement des sommes dues par son mari. Montpellier, 30 juillet 1830. S. 1831, II, 70.

3. Sur le n° 3. La contrainte par corps étant un moyen rigoureux, on ne peut l'employer que contre le débiteur personnel; en engageant sa personne, il ne peut engager celle de ses enfans ou autres successeurs.

La disposition du n° 3 résultait déjà, comme conséquence, de l'art. 426 du C. d. p. c.; mais le législateur a cru qu'il n'était pas trop d'un texte précis quand il s'agit d'assurer la liberté des personnes. (R. de 1831, p. 12).

ART. 3. Les condamnations prononcées par les tribunaux de commerce contre des individus non négocians, pour signatures apposées, soit à des lettres de change réputées simples promesses aux termes de l'article 112 du Code de commerce, soit à des billets à ordre, n'emportent point la contrainte par corps, à moins que ces signatures et engagemens n'aient eu pour cause des opérations de commerce, trafic, change, banque ou courtage.

1. Cet article ne change rien à la législation existante.
2. La commission de la Chambre des pairs avait proposé

la suppression des mots: *réputées simples promesses aux termes de l'art.* 112 *du Code de commerce,* et de déclarer par là d'une manière générale que les condamnations prononcées par les tribunaux de commerce contre des individus non négocians, pour des signatures apposées à des lettres de change, n'emporteront point la contrainte par corps, à moins que ces signatures n'aient eu pour cause des opérations de commerce. La même proposition avait déjà été faite en 1829 par M. le duc de Broglie et M. le comte Siméon. C'était demander la réforme de l'art. 632 du C. d. C.—Le principal argument invoqué à l'appui de cet amendement consistait à dire que le législateur devait empêcher que l'on puisse, sous l'égide de la loi commerciale, et à l'aide d'un détour qui blesse le droit non moins que la vérité, éluder la défense positive d'engager sa liberté dans les transactions purement civiles. La contrainte par corps (continuaient les partisans de l'amendement), sauf les exceptions admises pour certaines obligations civiles, étant le droit des commerçans, et autorisée pour la sûreté et la garantie du commerce, il ne faut pas en changer la destination; un prêt ordinaire, étranger au commerce, ne doit pas donner lieu à ce moyen rigoureux d'exécution, fût-il constaté par une lettre de change. La contrainte par corps se conçoit à l'égard des négocians, parce qu'ils sont soumis à des obligations et à une juridiction toutes spéciales, parce qu'ils ont des exceptions qui leur sont propres; ainsi, qu'ils soient emprisonnés, ils se déclarent en état de faillite, ils déposent leur bilan : le tribunal de commerce les prend sous sa protection, et au bout de dix ou douze jours, ils recouvrent leur liberté. Les non-commerçans, au contraire, n'ont point cette ressource, et ils doivent languir en prison pendant plusieurs années; la contrainte devient donc à leur égard une barbarie. On disait ensuite, que le commerce n'a rien à redouter de la proposition ; jamais il n'arrive à un négociant d'accepter une lettre de change aux vues de signatures inconnues: c'est la bonne réputation du tireur, l'étendue et la solidité de son commerce, et la sagesse connue des endosseurs, qui assurent le crédit des lettres de change et qui sont la base de la confiance publique. Les billets à ordre circulent comme les lettres de change; cependant ils ne donnent pas tous lieu à la contrainte par corps (art. 636 du C. de c.) : néanmoins le commerce ne s'alarme pas. Les art. 112, 113 et 636 du C. de c., autorisent des exceptions contre la lettre de change elle-même ; elle n'est donc pas toujours à l'abri des contestations : ce n'est pas une monnaie tellement courante que l'on ne soit pas obligé de l'examiner et de s'enquérir de la qualité des signataires ou des causes de la signature. Ce que l'on demande, c'est d'étendre l'exception à quiconque n'est pas négociant, ou n'a point fait acte de commerce. (R. de 1813, p. 13 et 48. R. à la Ch. des D. 1832, p. 9 et suiv.) Cet amendement a été rejeté. Reproduit à la Chambre des députés par M. Dulong, il a eu le même sort. (Séance du 5 avril 1832. *Mon.* p. 988.)

En effet, on ne doit pas s'arrêter à des considérations puisées dans l'ordre public de la société et dans les dispositions du C. C., mais uniquement aux besoins particuliers du commerce, et à la spécialité qui appartient à la législation commerciale. La disposition proposée aurait privé le contrat de change, qui est l'instrument ordinaire du commerce, de toutes les garanties que requièrent la sûreté du commerce. Il peut y avoir des abus, mais il y a nécessité de maintenir cette forme acceptée dans le commerce, et de lui garantir une grande faveur dans la circulation. L'amendement aurait sacrifié les intérêts généraux à des intérêts privés et jeté la plus grande inquiétude dans le commerce, en plaçant l'individu auquel on présente une lettre de change dans la nécessité d'examiner non-seulement si le dernier signataire fait des opérations de commerce, mais de porter son investigation sur tous les autres signataires. La défense contenue en l'art. 2063 du code civil, se trouve levée en faveur du commerce. Sans doute il peut n'y avoir qu'un simple prêt ; mais aussi l'emprunteur est bien averti qu'une lettre de change est un acte de commerce ; c'est donc à lui à ne pas s'exposer aux conséquences d'une législation sévère. Entre les mains des tiers porteurs, les lettres de change, entachées d'usure dans leur origine, ont un caractère incontestable de bonne foi, et il importe de donner à ces porteurs la garantie de la contrainte par corps. On ne saurait invoquer l'analogie du billet à ordre : car ce papier n'est pas destiné, comme la lettre de change, à courir de place en place ; il n'est pas autant recherché, précisément parce qu'il n'offre pas les mêmes garanties que la lettre de change, qui a par elle-même un caractère commercial emportant la contrainte par corps. Si, pour la lettre de change même, il y a des signataires non-contraignables par corps, tels que les femmes, les filles et les mineurs qui ne se livrent point au commerce, il ne faut pas oublier, d'une part, que les exceptions admises en leur faveur par notre droit, aussi bien que celles admises contre les titres frauduleux, se retrouvent dans toutes les législations commerciales du monde ; en sorte que la valeur des lettres de change françaises, comparée à celle des autres nations, reste toujours la même. D'autre part, l'exception personnelle n'est introduite que dans l'intérêt de ceux qu'on présume ne pas connaître toute la gravité de leur engagement ; elle fortifie donc la règle générale à l'égard de ceux qui sont réputés savoir ce qu'ils font. Si les négocians ont la ressource de la faillite, les non-négocians peuvent recourir à la cession de biens et s'affranchir ainsi de la contrainte par corps s'ils sont de bonne foi. La contrainte n'a pas seulement pour but d'éprouver la solvabilité du débiteur et de l'amener à payer ; elle est, avant tout, préventive ; elle oblige à réfléchir avant de signer une lettre de change : c'est un frein salutaire imposé aux dissipateurs. Ce ne sont pas les usuriers qui ont demandé la contrainte par corps : ce sont les véritables négocians qui ont réclamé un droit consacré par l'autorité des tems et qu'il importe au commerce de conserver. (Exp. de m. 1829, p. 24. R. de 1829, p. 11. R. de 1830 p. 10. *Mon.* du 1 et 2 janvier 1832 p. 3 et 12. R. de 1832, p. 14.)

3. Dans la discussion à la Chambre des Pairs M. le comte Portalis, rapporteur de la commission, a fait observer que les tribunaux de commerce s'écartent de la disposition sage de l'art. 112 du code de commerce ; qu'ils négligent le fait de simulation ; que, pris parmi les commerçans, ils reconnaissent la nécessité de conserver aux lettres de change la nature, la condition et la force que les lois leur attribuent ; qu'ils ont une tendance à juger dans les sens de leur institution, et de prononcer suivant la rigueur de la loi ; qu'il faut donc une disposition plus formelle pour assurer, à l'égard des non-commerçans, la disposition finale de l'art. 2063 du code civil. Cette conclusion est juste ; mais l'amélioration devrait consister dans une ampliation ou un développement de l'art. 112, plutôt que de mettre à la charge du porteur de la lettre de change la preuve de la qualité commerciale de la transaction. Voyez plus bas les observations sur l'art. 19.

ART. 4. La contrainte par corps, en matière de commerce, ne pourra être prononcée contre les débiteurs qui auront commencé leur soixante-et-dixième année.

1. Autrefois la contrainte par corps n'était point prononcée contre les septuagénaires, en matière de commerce. Une jurisprudence contraire s'était établie sous l'empire de la loi du 15 germinal an VI. (Voyez ci-dessus p. 5 et 8.) L'art. 4 a de nouveau étendu l'immunité de l'âge aux matières de commerce; c'est la seule exception admise à l'application de la contrainte par corps aux signataires de lettres de change.

2. L'art. 4 est le résultat d'un amendement de la commission de la Chambre des pairs. Le projet du gouvernement, copié sur celui de 1829 et sur la proposition de M. Jacquinot-Pampelune, avait exclu dans deux cas l'application de cet article, savoir : lorsqu'il s'agissait, soit de véritables lettres de change, soit de lettres de change réputées simples promesses, ou de billets à ordre ayant pour cause des opérations de commerce. Dans l'un et l'autre cas, l'exemption ne devait avoir lieu qu'autant que le débiteur aurait commencé sa soixante-douzième année. La commission (p. 17) a fait observer qu'une telle transaction était inadmissible, et qu'elle prorogerait de deux ans l'empire de la contrainte par corps, sans avantage pour le commerce, au détriment des droits de l'humanité.

3. La contrainte par corps ne devant plus être prononcée à l'avenir contre les débiteurs qui auront commencé leur soixante-dixième année, il est évident que les tribunaux seront obligés de s'en abstenir, non seulement à l'égard des souscripteurs de titres postérieurs à la promulgation de la présente loi, mais encore à l'égard des débiteurs engagés antérieurement à cette promulgation. Pour le premier cas, point de difficulté; quant au second, il ne peut y avoir effet rétroactif. Il faut bien se garder de soutenir que jamais la loi n'aura d'influence directe ou indirecte sur des actes antérieurs à sa promulgation, et aussi telle n'est pas la pratique; par exemple, s'il s'agit d'un retour au droit naturel, on ne fait pas difficulté d'admettre que la loi doit obtenir immédiatement

tous ses effets. D'un autre côté le mode et les moyens d'exécution des contrats sont toujours dans le domaine de la loi qui est variable, et les changemens qu'elle adopte s'appliquent aux contrats antérieurs, de même qu'à ceux qui sont créés postérieurement. (R. de 1832, p. 23.) Voy. plus bas les observations sur les *Dispositions transitoires.*

Art. 5. L'emprisonnement pour dette commerciale cessera de plein droit après un an, lorsque le montant de la condamnation principale ne s'élevera pas à cinq cents francs ;

Après deux ans, lorsqu'il ne s'élevera pas à mille francs ;

Après trois ans, lorsqu'il ne s'élevera pas à trois mille francs ;

Après quatre ans, lorsqu'il ne s'élevera pas à cinq mille francs ;

Après cinq ans, lorsqu'il sera de cinq mille francs et au-dessus.

1. La contrainte par corps étant un moyen de coaction pour forcer le débiteur à remplir ses engagemens, elle devient sans objet lorsque d'une manière quelconque il est constaté que le débiteur est absolument sans ressources. Cet argument emportait déjà dans la législation antérieure à la loi du 17 avril 1832, que le débiteur pouvait, en déposant son bilan, ou en abandonnant tous ses biens, établir son indigence et obtenir sa liberté. Le même motif a présidé à la rédaction des art. 5, 7, 13, 17, 18, 35 et 40 de la nouvelle loi. Lorsque le débiteur ne se trouve pas dans le cas d'invoquer le bénéfice de la faillite ou de la cession de biens, la loi suppose que la séquestration de sa personne, prolongée pendant un certain temps, suffit pour le forcer à faire connaître toutes ses ressources : à l'expiration de ce temps d'épreuve elle présume qu'il est insolvable et le rend à la liberté. En effet, on ne peut admettre qu'un homme emprisonné et possesseur d'une somme qu'il doit légitimement, aime mieux garder cette somme et rester en prison, plutôt que de payer sa dette. Le temps d'épreuve, en matière commerciale, a été gra-

dué sur le montant de la dette; car c'est sur ce montant
que doit se régler la présomption de l'indigence du débiteur. Cette graduation, disait le rapporteur à la Chambre
des pairs (p. 19), ne sera pas moins profitable aux créanciers qu'aux débiteurs eux-mêmes; car c'est à leurs frais,
le plus souvent, que les créanciers accroissent la détresse
de leurs débiteurs. (R. de 1829, p. 18 et 19. R. de 1830,
p. 9.) Voyez la sixième observation sur l'art. 1.

2. A la Chambre des députés, M. Dulong proposait de
réduire la durée de l'emprisonnement à six mois, lorsque
le montant de la condamnation principale ne s'élèverait
pas à 600 fr.; à un an, lorsqu'il ne s'élèverait pas à 1000 fr.,
et ainsi de suite jusqu'à quatre ans au plus. M. Debelleyme, appuyant cet amendement, réduisit le *maximum*
à trois ans. Ces amendemens ont été rejetés. *Mon.* 1832,
p. 988 et 989. Voy. la 6ᵉ observation sur l'art. 7.

3. L'ancienne fixation à cinq ans, sans distinction du
montant de la dette, ne pouvait être maintenue. La contrainte par corps n'étant qu'un moyen coërcitif, un moyen
de soumettre le débiteur à une épreuve, le législateur
a admis la présomption d'insolvabilité et de bonne foi
au bout d'un temps plus court, par la considération qu'il
n'y a pas d'homme dont le travail pendant 365 jours,
dont les loisirs pendant ce même espace de temps ne vaillent
pas 500 fr. (R. de 1829, p. 18.) Prolonger la détention
au-delà du temps nécessaire pour rendre l'insolvabilité
notoire, c'est en faire une peine. (Mon. 1832, p. 989.)

4. Lorsque, pendant la détention d'un débiteur pour
dettes, un mandat de dépôt est décerné contre lui par le
juge d'instruction, à la charge des écrous civils, le temps
pendant lequel il est retenu dans la maison d'arrêt en
vertu de ce mandat, doit cependant être compté dans la
durée légale de la détention. Paris, 22 décembre 1829,
Gaz. d. t. du 23 décembre. V. la 6ᵉ observation sur l'art. 28.

5. Aux termes de l'art. 5, l'individu débiteur de plusieurs sommes dont chacune est moindre de 3000 fr., mais
s'élevant ensemble à plus de 20,000 fr., ne pourra être
emprisonné pour plus de trois ans. (R. de 1832, p. 26.)

6. Le terme *emprisonnement* a pris la place du mot *détention* qui avait été employé dans les projets antérieurs.
D'après les modifications apportées au Code pénal, le
mot *détention* désigne aujourd'hui une peine spéciale.
(R. de 1832, p. 27.)

Art. 6. Il cessera pareillement de plein droit le jour où le débiteur aura commencé sa soixante-et-dixième année.

Cet article est le résultat d'un amendement de la commission de la Chambre des pairs. Le projet du gouvernement établissait ici la même distinction qui se trouvait dans son art. 4. Voy. la 2ᵉ observation sur l'art. 4.

TITRE II.

Dispositions relatives à la contrainte par corps en matière civile.

SECTION Iʳᵉ.

Contrainte par corps en matière civile ordinaire.

Art. 7. Dans tous les cas où la contrainte par corps a lieu en matière civile ordinaire, la durée en sera fixée par le jugement de condamnation; elle sera d'un an au moins et de dix ans au plus.

Néanmoins, s'il s'agit de fermages de biens ruraux aux cas prévus par l'article 2062 du Code civil, ou de l'exécution des condamnations intervenues dans le cas où la contrainte par corps n'est pas obligée, et où la loi attribue seulement aux juges la faculté de la prononcer, la durée de la contrainte ne sera que d'un an au moins et de cinq ans au plus.

1. Ni le code civil, ni le code de procédure civile n'ont fixé la durée de l'emprisonnement. Jusqu'ici le débiteur détenu pour dette civile, n'était pas seulement privé de la liberté, mais de l'espérance; ce n'était qu'à 70 ans que

la loi permit son élargissement; il n'y avait pour lui, à vrai dire, dans l'avenir, aucun espace entre la prison et la tombe. Un tel ordre de choses ne pouvait subsister plus long-tems. En effet, si l'emprisonnement subi comme peine n'est jamais que temporaire, comment l'emprisonnement d'un débiteur serait-il perpétuel? (R. de 1831, p. 19.)

2. Mais les cas où la contrainte par corps peut être prononcée en matière civile, sont si variés, les circonstances qui peuvent donner lieu à cette contrainte présentent tant de diversité, et il est tant de nuances depuis la mauvaise foi qu'il s'agit de réprimer, jusqu'au malheur auquel il faut bien subvenir, que toute espèce de proportion légale entre la durée de la captivité et la quotité de la dette, a été reconnue impossible à fixer d'une manière satisfaisante. On a dû laisser aux tribunaux le soin d'établir le terme de l'emprisonnement, suivant les circonstances.

Le *minimum* de cette détention avait été fixé d'abord à deux ans par la considération que la contrainte par corps est presque toujours prononcée en matière civile pour des cas si graves, qu'il importe également à la morale et à l'ordre public, qu'aucun débiteur de cette catégorie ne puisse fonder sur le sacrifice momentané de sa liberté, l'espoir d'usurper impunément la fortune d'autrui. (Exp. des m. de 1829 p. 27. R. de 1830 p. 16.)

La Chambre des députés, comparant le sort des débiteurs ordinaires avec le sort de ceux qui se sont engagés pour dettes commerciales, a établi le même *minimum* d'un an pour les uns et pour les autres.

En matière civile, disait M. le rapporteur de la commission (p. 29), l'emprisonnement pouvant être prononcé pour une somme de 300 fr., la durée de l'épreuve faite sur la personne du condamné serait, pour cette modique somme, de deux années, tandis qu'en matière commerciale on ne serait autorisé à le retenir que pendant un an. Cela ne nous a point paru admissible; il n'y a d'ailleurs pas d'inconvénient à baisser le chiffre du *minimum*, puisque les juges, appréciant les circonstances, restent maîtres d'imposer une contrainte plus longue s'ils pensent que cela est nécessaire.

3. Aucune voix ne s'est élevée contre le *maximum* de dix ans, parce que (lit-on dans le même rapport p. 30), il est des cas ou l'on peut espérer de vaincre avec le temps la résistance du débiteur, et que, pour y parvenir, il faut laisser

aux juges la faculté d'autoriser une contrainte assez longue, par exemple quand il s'agit de la restitution de titres importans.

4. Le § 2 de l'art. 7 fait une exception en faveur des fermiers qui peuvent se trouver dans le cas de l'art. 2062 du C. C.

Si l'intérêt de l'agriculture exige qu'on soit sévère envers un fermier infidèle, ce n'est pas une raison pour devenir inhumain. Ceux qui cultivent la terre ont souvent à lutter contre la nature. Un instant suffit quelquefois pour renverser leurs espérances, et détruire les fruits de travaux de toute une année. Lorsqu'il y a tant de chances pour que l'inclémence des saisons produise les mêmes effets, il ne faut pas facilement présumer la mauvaise foi. (R. de 1831, p. 20.)

5. Le § 2 établit une distinction entre les cas où la contrainte par corps en matière civile doit être prononcée, et ceux où elle est simplement facultative. Dans cette dernière hypothèse, le *minimum* et le *maximum* de la durée de la détention seront de moitié moindres que dans la première. Il est évident que le législateur a toujours considéré ces cas sous un aspect plus favorable, puisqu'il admet qu'ils peuvent, dans certaines circonstances, être exemptés de ses rigueurs (Exp. d. m. 1829 p. 29).

6. Toutefois le minimum d'un an, admis en général par le § 1, n'a pas été abaissé dans les cas prévus au § 2. La contrainte inférieure à une année serait probablement sans résultat. Ce n'est, en effet, autre chose qu'un moyen coërcitif et une épreuve imposée aux débiteurs; or il en est plus d'un qui consentiraient à se laisser arrêter pendant quelques mois plutôt que de payer (R. de 1832 p. 30).

SECTION II.

Contrainte par corps en matière de deniers et effets mobiliers publics.

ART. 8. Sont soumis à la contrainte par corps, pour raison du reliquat de leurs comptes, déficit ou débet constatés à leur charge, et dont ils ont été déclarés responsables,

1° Les comptables de deniers publics ou d'effets mobiliers publics, et leurs cautions ;

2° Leurs agens ou préposés qui ont personnellement géré ou fait la recette ;

3° Toutes personnes qui ont perçu des deniers publics dont elles n'ont point effectué le versement ou l'emploi, ou qui, ayant reçu des effets mobiliers appartenant à l'État, ne les représentent pas, ou ne justifient pas de l'emploi qui leur avait été prescrit.

1. Les dispositions de la législation précédente en cette matière étaient fort générales ; celles des art. 8 et suivans sont explicites, peut-être même sont-elles extensives. La facilité de la fraude, la protection due aux établissemens d'utilité publique, la faveur qui doit entourer le recouvrement et la conservation des deniers de l'état ont nécessité ces dispositions (R. de 1831 p. 21 et 22). — Les deniers, les propriétés mobilières de l'état, sont le produit de l'impôt ; s'ils sont dilapidés, il devient indispensable de les remplacer, et ce remplacement ne pourrait être souvent que le résultat d'une nouvelle contribution, si la loi n'attribuait pas à l'état les moyens les plus sévères pour opérer le recouvrement des *débets*. (R. de 1830 p. 18.)

2. La disposition qui soumet les cautions de plein droit à la contrainte par corps, déroge à l'art. 2060, n° 5 du C. c.

3. L'art. 8 n'a rien statué sur la question de savoir, quelle est l'autorité compétente pour ordonner la contrainte par corps en matière de deniers et effets publics ; d'un autre côté l'art. 46 maintient les dispositions qui concernent le mode des poursuites à exercer contre les débiteurs de l'État, des communes et des établissemens publics. On doit donc regarder comme conservant leur vigueur, les anciennes règles suivant lesquelles l'emprisonnement peut avoir lieu sans jugement préalable et par suite de contraintes décernées par l'autorité administrative. Voyez ci-dessus § 2, p. 10. Loi du 17 brumaire an V. Loi du 3 frimaire an VII, art. 145, 148 et 153. Loi du 13 frimaire an VIII. Arrêté du gouvernement du 16 thermidor an VIII. Décret du 13 janvier 1806.

4. En matière de contrainte par corps, décernée pour faits de comptabilité publique, ce sont les arrêtés de

comptes et non les pièces qui ont servi de base à ces arrêtés qui forment le titre qu'on doit notifier au débiteur avant d'exercer la contrainte. Avis du conseil d'État du 9 ventôse an X.

ART. 9. Sont compris dans les dispositions de l'article précédent : les comptables chargés de la perception des deniers ou de la garde et de l'emploi des effets mobiliers appartenant aux communes, aux hospices et aux établissemens publics, ainsi que leurs cautions, et leurs agens et préposés ayant personnellement géré ou fait la recette.

A la Ch. d. D., M. Caumartin proposa d'ajouter, après ces mots *ainsi que leurs cautions,* ceux-ci *quand elles se seront soumises à la contrainte par corps (Mon.* de 1832, p. 989 et 990). Cet amendement a été rejeté. Ainsi la c. p. c. existe pour tous les cas contre les cautions des comptables de deniers appartenant aux communes, aux hospices, et aux établissemens publics. Cette disposition déroge à l'art. 2060, n° 5 du C. C. Souvent, disait M. le garde des Sceaux, les titulaires ne sont que des prête-noms, des hommes de paille, et les cautions sont les véritables entrepreneurs ; ce sont ces cautions qui profitent de tous les bénéfices. Par conséquent on doit exiger que la c. p. c. soit attachée à la caution (*Mon. ibid.*).

ART. 10. Sont également soumis à la contrainte par corps,

1° Tous entrepreneurs, fournisseurs, soumissionnaires et traitans, qui ont passé des marchés ou traités intéressant l'Etat, les communes, les établissemens de bienfaisance et autres établissemens publics, et qui sont déclarés débiteurs par suite de leurs entreprises ;

2° Leurs cautions, ainsi que leurs agens et préposés qui ont personnellement géré l'entreprise, et toutes personnes déclarées responsables des mêmes services.

1. Les sommes reçues en avance par un entrepreneur de fournitures, constituent, lorsqu'elles n'ont pas été employées, de véritables dépôts de deniers publics, dont la restitution doit être garantie par les mêmes moyens que celle des deniers confiés aux comptables (R. de 1830, p. 20).

2. Un entrepreneur de transports militaires est passible de la contrainte par corps, à raison des condamnations prononcées contre lui en faveur d'un sous-traitant. C'est une dette commerciale (art. 1 de la loi). Lyon, 30 juin 1827, S. 1828, II. 123.

3. Le négociant qui emprunte du trésor public, en vertu d'un acte devant notaire, ne peut, en cas d'inexécution de ses engagemens, être arrêté en vertu d'une décision du ministre des finances : on doit appliquer les règles du droit commun. Avis du Conseil d'état du 2 août 1817. Favard, V° Contrainte par corps, § 1, n° 9.

4. Le n° 2 de l'art. 10 a donné lieu à une observation que le rapporteur de la Chambre des députés (p. 31) nous retrace de la manière suivante :

On a craint que les expressions *agens* et *préposés* des entrepreneurs, fournisseurs, traitans, etc., ne fussent trop larges et ne donnassent matière à des rigueurs contre de simples commis et facteurs. Mais on a répondu qu'il fallait atteindre les personnes véritablement intéressées dans les entreprises et fournitures, tels que les sous-traitans qui dissimulent leur sous-traité et qui n'en gèrent pas moins personnellement l'entreprise; que pour cela il fallait une disposition générale, qu'elle se trouvait dans le projet, qu'on devait l'y maintenir.

ART. 11. Seront encore soumis à la contrainte par corps, tous redevables, débiteurs et cautions de droits de douanes, d'octrois et autres contributions indirectes, qui ont obtenu un crédit et qui n'ont pas acquitté à échéance le montant de leurs soumissions ou obligations.

Le redevable d'une contribution indirecte, qui a obtenu la libre disposition de ce qui formait le gage de cette contribution, doit, pour la sûreté du nouvel engagement, être assujéti à la contrainte par corps : c'est le seul moyen d'assurer à l'État l'exactitude de ces recouvremens (R. de 1830, p. 20). Voy. ci-dessus, p. 10.

Art. 12. La contrainte par corps pourra être prononcée, en vertu des quatre articles précédens, contre les femmes et les filles.

Elle ne pourra l'être contre les septuagénaires.

1. L'exemption générale accordée à la jeunesse et à l'âge avancé, subsiste même en cette matière. Le projet du gouvernement avait supprimé cette exemption à l'égard des septuagénaires : cette partie de l'article a été rejetée par la Chambre des pairs sur la proposition de sa commission (p. 22). La commission de la Chambre des députés a proposé la disposition expresse relative aux septuagénaires, pour aller au devant des doutes (p. 32).

2. Les femmes et les filles rétentionnaires de deniers de l'État, restent soumises à la contrainte par corps. Il est plusieurs administrations, notamment celle des postes et celle de l'enregistrement, qui confient à des femmes certains emplois de comptabilité; les dispenser de la contrainte par corps serait les rendre inhabiles à ces emplois, ou du moins forcer l'administration à les en priver (R. de 1830 p. 20). Elles se sont livrées à une profession, à une industrie qui supposent autant d'expérience qu'à celles qui font le commerce; il n'y avait pas de raison pour les traiter avec plus d'indulgence que celles-ci (R. de 1832, p. 32).

3. Il est inutile de faire observer que cette disposition ne s'applique pas aux femmes et filles héritières de comptables (*Mon.* p. 990, col. 1).

Art. 13. Dans les cas énoncés dans la présente section, la contrainte par corps n'aura jamais lieu que pour une somme principale excédant trois cents francs.

Sa durée sera fixée dans les limites de l'article 7 de la présente loi, paragraphe premier.

Avant la loi du 17 avril 1832, la jurisprudence avait
déjà reconnu en principe que les comptables détenus pour
débet envers le trésor, ainsi que les débiteurs de l'administration des douanes devaient recouvrer leur liberté après
une détention de cinq ans. Rejet, 31 mars 1829; Sirey,
1829, I, 135, Gazette des tribunaux du 4 avril 1829. Ce
journal, dans sa feuille du 2 novembre 1828, rapporte un
arrêt rendu dans le même sens par la cour royale de
Bastia.

TITRE III.

Dispositions relatives à la contrainte par corps contre les étrangers [1].

1. Ces dispositions sont relatives à la contrainte par
corps contre les étrangers débiteurs pour causes *civiles* et
commerciales.
2. Le projet de loi s'en référait sur plusieurs points aux
lois des 4 floréal an VI, et 10 septembre 1807 : la nouvelle
rédaction, proposée par la commission de la Ch. des D., a
extrait de ces lois les dispositions qui demeurent maintenues, et les a fondues dans la loi actuelle : ce qui a permis
l'abrogation expresse de ces deux lois (Voyez ci-après
l'art. 46). Ce système tend à simplifier la législation en la
concentrant dans un moins grand nombre d'actes, et à la
mettre ainsi plus à portée des justiciables. Suivant la rédaction actuelle on trouve dans la nouvelle loi tout ce qui
est relatif à la contrainte par corps contre les étrangers
(R. de 1832. p. 35 et 36. Exp. des m. à la Ch. des p. du
10 avril 1832).

ART. 14. Tout jugement qui interviendra au
profit d'un Français contre un étranger non domi-

---

[1] Voyez sur la c. p. c. contre les étrangers, suivant les lois et usa-
ges de l'Angleterre et de l'Allemagne, mes articles dans la gaz. des trib.
des 22, 26 et 27 octobre 1831. On voit qu'en Angleterre les étrangers
sont traités d'une manière plus favorable qu'ils ne le sont en France.

cilié en France, emportera la contrainte par corps, à moins que la somme principale de la condamnation ne soit inférieure à cinquante francs, sans distinction entre les dettes civiles et les dettes commerciales.

1. C'est l'article 1 de la loi du 10 septembre 1807, combiné avec l'art. 14 du projet.

2. Nous avons vu au § 1 du chap. 1, que jusqu'à la loi du 9 mars 1793, l'usage de la c. p. c. contre les étrangers, pour dettes civiles, a été universellement pratiqué en France. Les art. 1, 2 et 3, de la loi du 4 floréal an VI, ont substitué à l'ancien usage des dispositions positives sur la matière. Mais ces dispositions ne furent pas rappelées dans le Code civil et par cela seul on a dû les regarder comme abrogées par l'art. 7 de la loi du 30 ventôse an XII. Ainsi, après la publication du Code civil, les étrangers ont dû jouir des mêmes droits que les Français, relativement à la c. p. c., s'ils étaient domiciliés en France avec la permission du gouvernement. (Art. 13 du Code civil.) Les étrangers qui n'avaient pas de domicile en France, ou qui y résidaient sans la permission du gouvernement, devaient, quant à la c. p. c., être traités comme l'auraient été chez eux les Français, d'après les conventions politiques qui liaient leur nation à la nation française. Cela résulte de l'art. 11 du Code civil. Rep. v° c. p. c. n° 7.

2. La loi du 10 septembre 1807 a établi là-dessus de nouvelles règles.

L'art. 1 de cette loi était ainsi conçu : « Tout jugement « de condamnation qui interviendra au profit d'un Fran- « çais contre un étranger non domicilié en France, empor- « tera la c. p. c. »

L'exercice de la c. p. c. est souvent le seul moyen de recouvrer d'un étranger les fonds ou les effets qui lui furent livrés dans ses pressans besoins; le véritable intérêt des étrangers s'accorde avec l'adoption d'une mesure sans laquelle ils pourraient souvent ne pas trouver aussi facilement des secours nécessaires dans des occasions urgentes. (*Discussion de la loi de* 1807, Locré, t. 2 p. 410.)

3. La loi n'est faite que contre *l'étranger non domicilié en France*, c'est-à-dire contre l'étranger, qui d'un moment à l'autre peut disparaître sans laisser après lui aucune trace

de son passage ou de son séjour. (Locré, ibid. p. 411.)
En effet, l'étranger ne peut avoir de domicile en France
qu'avec une autorisation formelle du roi (art. 13 du C. c.),
et alors il jouit, tant qu'il y demeure, des droits civils. Il
n'est pas, par conséquent, indéfiniment soumis à la c. p. c.,
puisque la loi n'y assujétit les Français que dans certains
cas. Rejet, 6 février 1826. S. 1826, I. 341. M. Pardessus,
n° 1524.
La nation française, dit le tribun Mallarmé, ouvre ses
barrières à l'étranger; elle l'appelle, pour ainsi dire, en
lui offrant la jouissance de tous les droits civils, si, après
en avoir obtenu la permission du chef de l'état, il établit
son domicile en France. A ces conditions, nos lois accordent à l'étranger tous les droits civils appartenant aux
Français. Doivent-elles avoir la même indulgence à l'é-
gard de l'étranger qui ne se constitue pas de domicile, qui,
sans la permission du gouvernement, à son insu peut-être,
ne passe et ne séjourne en France que comme un simple
voyageur? Nous ne le pensons pas. Le jugement rendu
contre lui ne serait pas exécutoire sur les biens qu'il pourrait avoir dans sa patrie; il ne pourrait être exécuté en
France faute de matière à asseoir exécution; en sorte que
l'étranger soustrairait à la condamnation la plus juste, sa
personne et ses biens. (Locré, p. 417 et 418.)
4. Le législateur n'a pas distingué entre les engagemens
contractés en France, et ceux contractés en pays étrangers.
Tout engagement donne lieu à la c. p. c. contre un étranger, à moins qu'il ne soit domicilié en France. Peu importe
qu'il y possède des propriétés foncières ou un établissement de commerce : le jugement n'en sera pas moins exécutoire par cette voie. (R. de 1832 p. 35.)
5. L'art. 14 s'applique même au jugement qui aurait
pour cause une dette antérieure à la loi de 1807 : il s'agit
d'une loi de police, d'une mesure de sûreté prise dans l'intérêt national et introductif d'un nouveau mode pour
parvenir à l'exécution des engagemens des étrangers. Cass.
22 mars 1809. Q. de D. v° étranger, § 4. S. 1809, I, 462.
6. Il résulte des termes impératifs de l'art. 14, que le jugement est exécutoire avec c. p. c., alors même qu'il n'autorise pas expressément cette voie. Bordeaux, 16 février
1830. S. 1830, II, 212.
7. La loi de 1807 ne peut être invoquée par l'étranger
jouissant des droits civils en France, en vertu de l'art. 13

du Code civil : elle n'a fait qu'introduire un privilége en faveur des Français. Douai, 7 mai 1828. S. 1829, II, 79.

8. La loi de 1807, comme loi de police et de sûreté, protégeant l'intérêt national contre les débiteurs étrangers, s'étend aux étrangers mineurs comme aux majeurs. Bordeaux, 23 décembre 1828. Paris, 19 mai 1830. S. 1829, II, 152. 1830 II, 222. Gaz. des tr. du 25 mai 1830.

9. Nous verrons sur l'art. 18, qu'il n'en est plus de même relativement aux femmes étrangères.

10. La généralité des termes de l'art. 1 (14) emporte que la c. p. c. a lieu contre l'étranger, même pour les frais du procès, à la différence des autres matières. Metz, 11 février 1820. S. 1820 II, 18.

11. L'art. 14 a limité à 150 fr. la somme au-dessous de laquelle la c. p. c. ne pourra être exercée. Cette limitation est un adoucissement apporté à la loi du 10 septembre 1807, d'après laquelle la c. p. c. avait lieu contre les étrangers pour la somme la plus modique. (M. Parant, rapporteur, séance de la Ch. d. d. du 5 avril 1832.) — Les propositions de MM. de Tracy et Mauguin, tendant à établir la même règle pour l'étranger que pour le Français, du moins lorsque le premier aurait acquis un domicile et des immeubles en France, n'ont pas été adoptées. *Ibid. Mon.*, p. 990.

ART. 15. Avant le jugement de condamnation, mais après l'échéance ou l'exigibilité de la dette, le président du tribunal de première instance dans l'arrondissement duquel se trouvera l'étranger non domicilié, pourra, s'il y a de suffisans motifs, ordonner son arrestation provisoire, sur la requête du créancier français.

Dans ce cas, le créancier sera tenu de se pourvoir en condamnation dans la huitaine de l'arrestation du débiteur, faute de quoi celui-ci pourra demander son élargissement.

La mise en liberté sera prononcée par ordonnance de référé, sur une assignation donnée au créancier par l'huissier que le président aura commis dans l'ordonnance même qui autorisait l'ar-

restation, et, à défaut de cet huissier, par tel autre
qui sera commis spécialement.

1. Le § 1 de cet article est la copie littérale de l'art. 2
de la loi du 10 septembre 1807. Le § 2 correspond à la
première partie de l'art. 15 du projet. Le dernier § contient une addition proposée par la commission de la
Chambre des députés.

2. L'art. 2 de la loi de 1807 était ainsi conçu : « Avant
« le jugement de condamnation, mais après l'échéance
« ou l'exigibilité de la dette, le président du tribunal de
« première instance, dans l'arrondissement duquel se
« trouvera l'étranger non domicilié, pourra, s'il y a de
« suffisans motifs, ordonner son arrestation provisoire
« sur la requête du créancier français. »

Faudra-t-il, dans tous les cas, attendre que les tribunaux
aient prononcé sur le fond d'une contestation pour s'assurer de la personne de l'étranger ? On conçoit aisément
combien il serait facile à un étranger sans domicile, d'é-
chapper par une fuite soudaine à la contrainte par corps,
si elle ne pouvait être exercée qu'après le jugement qui
l'ordonnerait. L'art. 2, qui tend à éviter cet abus, accompagne l'arrestation provisoire de toutes les précautions qui
peuvent prévenir les vexations du débiteur. Dabord, ce
n'est jamais que pour une dette actuellement échue ou
exigible, c'est-à-dire pour une dette qui déjà devrait être
acquittée, que le créancier sera reçu à réclamer l'arrestation provisoire : il ne devrait pas être écouté s'il avait
accordé des termes qui ne seraient pas échus. Le président du tribunal de première instance ne doit accueillir la demande, qu'autant qu'il trouve, dans la position respective des parties, des motifs suffisans d'inquiétude pour le créancier. Il a été nécessaire d'opter entre
l'inconvénient de devancer de quelques jours l'arrestation
d'un étranger insolvable, et celui de rendre cette arrestation impossible ; et il ne peut y avoir d'embarras dans
cette option, puisque le tort causé à l'étranger par une
détention provisoire peut être réparé en définitive par
des dommages-intérêts, et qu'au contraire le tort qu'é-
prouverait le Français par la fuite et la retraite du débiteur, serait irréparable (Locré, p. 411 et 419).

3. On a reconnu dans la discussion de la loi de 1807,

que l'intervention du ministère public pour donner des conclusions, n'est pas nécessaire (Locré , p. 412).

4. Toutefois la Cour de cassation a décidé par l'arrêt du 22 mars 1809, déjà cité, que, conformément à l'art. 805 du Code de procédure civile, le ministère public doit être entendu sur la demande en élargissement formée par l'étranger (M. Pardessus, n° 1525).

5. L'arrestation provisoire est une mesure de police qui n'est pas assujétie aux formalités prescrites par le Code de procédure civile pour l'exercice de la contrainte par corps ; elle doit s'exécuter de la même manière que toutes celles que la police fait mettre à exécution. Ainsi l'étranger ne peut réclamer son élargissement sous prétexte que l'arrestation n'a pas été précédée d'un commandement fait par un huissier commis porteur d'un pouvoir spécial , ou qu'elle a eu lieu dans son domicile. Rejet 28 octobre 1809 et 20 février 1827. Metz, 17 mai 1816 et 11 février 1820. Bordeaux, 23 décembre 1828. Sirey, 1809, I, 462; 1819, II, 51; 1821, II, 18; 1828, I, 134; 1829, II, 152. M. Pardessus, n° 1525. Favard. V° C. p. c. § 3, n° 2. Cette jurisprudence a été érigée en loi par l'art. 32. Voyez plus bas.

6. Toutefois cette arrestation ne saurait être affranchie des formes généralement exigées pour la signification ou l'exécution des actes: ainsi il y a lieu d'appliquer l'art. 1037 du Code de procédure civile. En outre, l'étranger peut réclamer les égards et les procédés fondés sur le droit des gens et l'équité , et demander des dommages-intérêts si son arrestation est accompagnée de faits de vexation et de rigueurs illégales (Metz, 11 février 1820, déjà cité).

7. L'arrestation provisoire peut avoir lieu contre un étranger mineur, d'abord parce qu'il s'agit d'une mesure de police et parce que la loi de 1807 ne fait pas de distinction de l'étranger majeur et de celui qui serait encore en minorité (Bordeaux, 23 décembre 1828, déjà cité. Paris, 19 mai 1830. S. 1830, II, 222. Gazette des tribunaux du 25 mai 1830).

8. La contrainte par corps a lieu en toutes matières contre les étrangers. Ni la discussion qui a précédé l'adoption de la loi de 1807 , ni le texte de cette loi n'autorisent à croire qu'il ait été dans l'intention du législateur de restreindre l'ancien usage de la contrainte par corps contre les étrangers pour *dettes civiles :* les termes qu'il a em-

ployés, prouvent au contraire qu'il a voulu conserver aux
Français le privilége dans toute son étendue, et l'appliquer à toute dette quelconque (Exp. des m. 1829, p. 20).

9. Pour que l'arrestation provisoire puisse avoir lieu,
il n'est pas nécessaire que l'obligation de l'étranger ait été
originairement contractée en faveur d'un Français : il suffit que le titre souscrit par l'étranger au profit d'un autre
étranger soit devenu la propriété d'un Français. Les termes généraux employés par le législateur prouvent qu'il a
voulu conserver aux Français l'ancien privilége dans toute
son étendue, sans distinction d'origine de la dette ; il suffit
qu'au moment de la demande la dette soit due à un Français. Si la restriction invoquée avait été dans l'esprit du
législateur, il aurait probablement employé les mêmes
termes que ceux que l'on trouve dans l'art. 14 du Code
civil, qui ont au moins l'apparence d'être limitatifs, quoiqu'ils ne le soient pas en réalité, ainsi que l'a prouvé
M. Merlin, au répertoire, V° étranger, § 2. Au contraire,
l'art. 1 de la loi de 1807 commence par attacher la contrainte par corps à *tout jugement de condamnation* : et
l'art. 2 autorise l'arrestation provisoire pour *toute dette*.
Rejet, 25 septembre 1829. Douai, 7 mai 1828. Paris, 29
novembre 1831 [*]. S. 1830, I, 151 ; 1829, II, 79 ; 1832, II, 54.
— Il existe trois arrêts en sens contraire. Douai, 27 février 1828. Aix, 25 août 1828. Paris, 27 mai 1830.
S. 1828. II, 284 ; 1829, II, 80 ; 1831, II, 54.

10. La loi du 10 septembre 1807 établissant un privilége
en faveur des Français, l'étranger qui a été admis à établir
son domicile en France, bien qu'il y jouisse de tous les
droits civils, ne peut cependant invoquer le bénéfice de
ladite loi (Douai, 7 mai 1828, déjà cité). Mais, d'un autre
côté, l'étranger admis à établir son domicile en France,
ne peut être arrêté provisoirement à la requête de son créancier Français. Voyez les observations sur l'art. 14.

11. Pour obtenir l'arrestation provisoire d'un étranger,
il n'est pas nécessaire que le Français soit porteur d'un

[*] En Angleterre l'endossement en blanc d'une lettre de change est
translatif de propriété : ainsi le Français porteur d'un endossement en
blanc, passé à Londres, est propriétaire de la traite. Arrêts du 25 septembre 1829 et 29 novembre 1851, cités. J'expliquerai cette proposition
avec plus d'étendue dans l'*exposé de la législation anglaise relative aux
lettres de change*, que je me propose de publier incessamment.

titre incontesté ou même incontestable ; c'est au président à décider s'il y a titre suffisant : la loi ne prescrit aucune borne à son pouvoir sur ce point. Rejet, 25 septembre 1829 déjà cité. Le président, dit la Cour de Paris dans l'arrêt du 29 novembre 1831, cité ci-dessus, peut permettre l'arrestation provisoire *sur le vu de titres apparens*.

12. Mais le créancier n'est pas recevable dans cette demande, s'il a accordé des termes non encore échus, parce qu'il a suivi la foi de son débiteur, et qu'il a renoncé à rien exiger avant l'échéance ou avant des événemens qui rendront la dette exigible (M. Pardessus, n° 1524).

13. On ne peut obtenir l'arrestation provisoire pour la restitution d'un dépôt : la loi de 1807, comme loi d'exception, doit être bornée aux véritables dettes échues et exigibles, et le dépôt ne saurait être rangé dans cette catégorie (Rejet, 22 avril 1818. S. 1819, I, 94).

14. L'ordonnance du président du tribunal, autorisant l'arrestation provisoire, ne peut être attaquée par voie d'action principale devant le tribunal, qui n'a aucune attribution pour connaître du mérite des ordonnances rendues par le président dans les cas spéciaux que la loi lui défère; on doit prendre la voie d'appel (Paris, 27 mai 1830, déjà cité. M. Pardessus, n° 1525).

15. Cette ordonnance ne peut être assimilée à une ordonnance sur référé, et le délai pour en appeler est de trois mois, suivant le droit commun (Rejet, 22 avril 1818 déjà cité).

16. La loi de 1807 n'avait déterminé aucun délai dans lequel le créancier devait exercer sa poursuite après qu'il aurait obtenu l'arrestation de son débiteur. Il résultait habituellement de cette omission que la durée de la détention provisoire se prolongeait d'une manière indéfinie : car le créancier n'avait aucun intérêt à faire condamner son débiteur incarcéré, et celui-ci était le plus souvent privé des moyens de se pourvoir en justice. L'art. 15 remédie à cet abus ; la détention simplement provisoire n'aura lieu que pendant le temps rigoureusement nécessaire au créancier pour exercer une poursuite et obtenir une condamnation. Le gouvernement et la Ch. d. P. avaient fixé le délai à quinze jours : la Ch. d. D. l'a réduit à huit jours, sur la proposition de M. Debelleyme (*Mon.* p. 990, col. 3). En même temps la procédure à suivre en ce cas sera aussi sommaire que peu coûteuse (R. de 1830, p. 21. R. de 1831, p. 24).

17. Suivant l'art. 15 le président du tribunal est tenu de commettre dans l'ordonnance qui autorise l'arrestation d'un étranger, un huissier chargé éventuellement de signifier la demande en élargissement.

Comme il pourrait arriver que l'huissier précédemment commis pour l'arrestation, fût absent pour signifier quelques actes au dehors, ou qu'il fût malade, ou que, par tout autre motif, on ne pût disposer de lui, il était indispensable d'y pourvoir. A défaut de cet huissier, il en sera commis un autre pour la signification de l'assignation en référé.

18. L'arrestation provisoire ne sera pas autorisée pour une somme inférieure à 150 fr. En effet, la condamnation par corps ne pouvant avoir lieu que pour une somme supérieure (art. 14), il est évident que cela exclut toute idée d'arrestation provisoire pour moins de 150 fr. (R. de 1832, p. 38).

19. L'étranger qui demande son élargissement, est tenu, si le créancier le requiert, de fournir caution de payer les frais et dommages-intérêts : en effet, la demande en élargissement est une demande principale et ne peut être considérée comme une défense à l'arrestation. Paris, 20 octobre 1831. S. 1831, II, 327. Le tribunal de Paris a jugé en sens contraire le 22 du même mois. S. *ibid.*

ART. 16. L'arrestation provisoire n'aura pas lieu ou cessera, si l'étranger justifie qu'il possède sur le territoire français un établissement de commerce ou des immeubles, le tout d'une valeur suffisante pour assurer le paiement de la dette, ou s'il fournit pour caution une personne domiciliée en France et reconnue solvable.

1. C'est l'art. 3 de la loi du 10 septembre 1807.

2. Cet article n'est relatif qu'à l'*arrestation provisoire* : il contient l'énumération des moyens accordés à l'étranger pour échapper à cette arrestation. Il n'est pas nécessaire de faire observer que l'établissement, l'immeuble ou la caution, doivent être reconnus suffisans pour assurer le paiement de la dette : il est trop évident que, s'il n'en était pas ainsi, la mesure substituée à l'arrestation serait illusoire. Le magistrat écoute les parties,

et prononce dans sa sagesse suivant les circonstances (Locré, p. 412.)

3. La propriété doit être libre d'hypothèques, ou du moins présenter un reliquat de valeur capable de répondre de la dette. Un usufruit ne pourrait remplir cet objet, parce que c'est une propriété de durée incertaine, dont le créancier ne doit pas être obligé à se contenter. M. Pardessus, n° 1526.

4. Quant aux établissemens de commerce, les tribunaux apprécieront les circonstances : ils ne devront pas considérer comme tels des établissemens qui n'annoncent ni durée probable ni solidité réelle, des entreprises que leur auteur peut quitter avec la même facilité qu'il les a faites, qui ne procurent, en un mot, ni crédit réel dans le commerce, ni relations solides, ni valeur positive et indépendante. *Ibid.*, n° 1527.

5. En ce qui concerne la caution, le président a nécessairement le droit d'appliquer les règles prescrites par les art. 2017, 2018 et 2019 du Code civil. *Ibid.*, n°s 1527 et 1383.

ART. 17. La contrainte par corps exercée contre un étranger en vertu de jugement pour dette civile ordinaire, ou pour dette commerciale, cessera de plein droit après deux ans, lorsque le montant de la condamnation principale ne s'élevera pas à cinq cents francs;

Après quatre ans, lorsqu'il ne s'élevera pas à mille francs:

Après six ans, lorsqu'il ne s'élevera pas à trois mille francs;

Après huit ans, lorsqu'il ne s'élevera pas à cinq mille francs;

Après dix ans, lorsqu'il sera de cinq mille francs et au-dessus.

S'il s'agit d'une dette civile pour laquelle un Français serait soumis à la contrainte par corps, les dispositions de l'article 7 seront applicables aux étrangers, sans que toutefois le minimum de la contrainte puisse être au-dessous de deux ans.

1. La loi du 10 septembre 1807 n'ayant point limité la durée de la détention de l'étranger légalement incarcéré, il ne pouvait jusqu'ici demander son élargissement après cinq ans, sous prétexte que la dette était commerciale. Cass., 31 août 1819. Nancy, du même jour. S. 1820, I, 96; 1819, II, 258. — Cependant la jurisprudence avait admis l'élargissement de l'étranger, qui avait atteint sa soixante-dixième année. Jugement du tribunal de la Seine, du 24 mars 1830. Gaz. des trib. du 28 du même mois.

2. Suivant la disposition nouvelle de l'art. 17, la durée de la détention des étrangers cesse d'être indéfinie. En matière civile, ils jouiront du bénéfice de l'art. 7; en matière commerciale, la loi établit une échelle proportionnelle, analogue à celle qui fait l'objet de l'art. 5. La durée de l'emprisonnement se trouve doublée pour l'étranger, sans cependant que sa détention puisse jamais être prononcée pour plus de dix ans. L'étranger doit être soumis à une plus longue épreuve pour qu'on présume sa bonne foi et qu'on déclare qu'il est réellement insolvable. Après l'expiration de la contrainte par corps, le Français rendu à la société y subit, s'il est débiteur de mauvaise foi, une peine morale bien plus sensible que la peine corporelle; son intérêt, bien entendu, peut encore le ramener dans les voies de la justice. Mais l'étranger libéré quitte la France, et, rentré dans sa patrie, il y est affranchi de cette flétrissure que la société inflige justement au débiteur déloyal. Cette dernière observation, que nous puisons dans le rapport fait à la Chambre des pairs, en 1829, par M. le comte de Bastard (p. 22), ne forme pas seulement la base des dispositions de l'art. 17, relatives aux matières commerciales; elle peut encore guider les juges dans l'application du § dernier de cet article.

3. Les derniers mots du § 6 de cet article ont été ajoutés sur l'observation de la commission de la Ch. des D. « Cette addition est nécessaire, disait M. le rapporteur (p. 39); autrement les juges seraient autorisés, par exception, à ne prononcer contre les étrangers, pour certaines dettes, qu'une arrestation d'une année, tandis qu'en règle générale elle doit être de deux ans pour la moindre somme (§ 1 de l'art. 17), et l'exception s'appliquerait précisément à des obligations qui peuvent avoir plus d'importance qu'une somme de 150 à 500 fr. »

4. De quel jour comptent les 2, 4, 6, 8 ou 10 ans, après

lesquels la détention de l'étranger doit cesser? Nous dirons que c'est du jour de l'arrestation, qu'elle ait eu lieu provisoirement ou en vertu d'un jugement.

ART. 18. Le débiteur étranger, condamné pour dette commerciale, jouira du bénéfice des articles 4 et 6 de la présente loi. En conséquence, la contrainte par corps ne sera point prononcée contre lui, ou elle cessera dès qu'il aura commencé sa soixante-et-dixième année.

Il en sera de même à l'égard de l'étranger condamné pour dette civile, le cas de stellionat excepté.

La contrainte par corps ne sera pas prononcée contre les étrangères pour dettes civiles, sauf aussi le cas de stellionat, conformément au premier paragraphe de l'article 2066 du Code civil, qui leur est déclaré applicable.

1. Les étrangers sont ici assimilés aux nationaux. Le but de l'article a été d'affranchir l'étranger septuagénaire de la contrainte par corps, ainsi que les femmes et les filles, pour la dette ordinaire, sauf le cas de stellionat, et de prescrire la mise en liberté du septuagénaire détenu pour dette commerciale. La première disposition n'était pas absolument nécessaire, puisqu'elle résultait implicitement de l'esprit et de la lettre de la législation; mais désormais elle sera explicite, et on pourra la lire dans le texte de la loi. Rapp. de 1832 à la Ch. des P., *Moniteur* du 15 avril.

2. Notre législation, à l'égard des étrangers, étant générale, on entendait bien qu'une étrangère, femme ou fille, était soumise à la contrainte par corps pour toutes sortes de dettes, aussi bien qu'un étranger. (Tribunal de commerce de la Seine, janvier 1832. Gaz. des trib. du 18.) L'art. 18 proclame une exception en faveur du sexe, dont la faiblesse commande plus de ménagemens; mais cette exception ne s'étend pas jusqu'aux dettes commerciales: elle ne s'applique qu'aux dettes civiles. (Rapp. de 1832, p. 40.)

TITRE IV.

Dispositions communes aux trois titres précédens.

Toutes ces dispositions tendent à adoucir la sévérité d'une législation exceptionnelle, ou à rendre moins pénible le triste sort des débiteurs.

ART. 19. La contrainte par corps n'est jamais prononcée contre le débiteur au profit,

1º De son mari ni de sa femme ;

2º De ses ascendans, descendans, frères ou sœurs, ou alliés au même degré.

Les individus mentionnés dans les deux paragraphes ci-dessus, contre lesquels il serait intervenu des jugemens de condamnation par corps, ne pourront être arrêtés en vertu desdits jugemens : s'ils sont détenus, leur élargissement aura lieu immédiatement après la promulgation de la présente loi.

1. Si, sous l'ancienne jurisprudence, la contrainte par corps n'avait pas lieu entre associés à cause de l'espèce de fraternité qu'une simple communauté d'intérêts purement matérielle établit entre eux, la morale publique commande sans doute de la prohiber entre les personnes qu'unissent entre elles des liens bien plus intimes et bien plus sacrés. (Rapp. de 1831, p. 25.) C'est la doctrine des auteurs, parmi lesquels nous citerons Favard, vº, c. p. c., § 1, nº 3 : il s'appuie de L. 8, ff. de *reg. juris*, et L. 3, ff. *de testibus*. M. Pardessus, t. 5, nº 1510, et M. Dalloz, t. III, p. 727. Dans le silence de la législation, quelques tribunaux avaient adopté cette opinion. (Paris, 22 février 1810, Dalloz, vº c. p. c., sect. 2, p. 767. Colmar, 22 novembre 1815, *ibid.* vº. Effets de commerce. Cour de Corse, 31 août 1826. S. 1828. II, 56.) D'autres se sont rangés de l'avis contraire. (Lyon, 28 décembre 1826, et 3 février 1830. S., 1826, II, 128; 1831, II, 252.) Il était utile et nécessaire que la loi consacrât les droits de la nature.

2. La troisième disposition de l'art. 18 est le résultat d'un amendement de la commission de la Ch. des p. Cette disposition rétroagit sur le passé : mais on a fait observer que par la législation antérieure un droit naturel était blessé, et qu'on ne fait que lui rendre sa force. Cette exception au principe de la non-rétroactivité se justifie donc par la justice et par l'humanité. Il s'agit, d'ailleurs, d'un moyen d'exécution, et la loi qui ne doit pas intervenir dans les rapports des individus, peut s'occuper des moyens d'exécution. *Mon.* du 2 janvier 1832, p. 14. Rapp. de 1832, p. 41.

3. La contrainte par corps peut être prononcée entre associés : l'ancienne jurisprudence qui avait décidé le contraire, a dû cesser d'être suivie sous l'empire de la loi du 15 germinal an VI, qui ne comprenait pas, dans les exceptions qu'elle renfermait, les associés entre eux. Rép. v° *Société*, sect. 6, § 3. n. 2 *bis*. Rejet 1er prairial an x, et 24 brumaire an XII. Cass., 22 mars 1813. Paris, 8 août 1825. S., t. 2, I, 322, t. 4, I, 129; 1813, I, 386; 1826, II, 23. M. Dalloz, t. III, p. 746. Cette jurisprudence doit être suivie sous l'empire de la loi du 17 avril 1832, qui n'établit également aucune exception à l'égard des associés entre eux. (Rapp. de 1832, p. 42.)

ART. 20. Dans les affaires où les tribunaux civils ou de commerce statuent en dernier ressort, la disposition de leur jugement relative à la contrainte par corps sera sujette à l'appel : cet appel ne sera pas suspensif.

1. Il faut protéger la liberté contre les erreurs possibles. La perte de la liberté est d'une valeur inappréciable : la liberté, ce premier des biens, cette source féconde du travail et de l'industrie, ne saurait, dans la balance de la justice, équivaloir à quelques centaines de francs. Si le législateur a accordé la faculté de l'appel dans tous les cas où il s'agit d'une valeur inappréciable ou indéterminée, cette disposition doit également recevoir son application à la question de la liberté : si la loi engage la personne et la liberté de débiteur pour assurer la propriété du créancier, elle doit à ce gage précieux les mêmes garanties qu'à la propriété qu'elle cautionne. Ainsi la disposition de l'art. 20

ne fait que rendre au droit commun son empire; le législateur n'a été que conséquent sans innover. (Exp. des m., 1829, p. 32, Rapp. de 1831, p. 26.)

2. Jusqu'ici on jugeait en sens contraire, en considérant la contrainte par corps uniquement comme un moyen d'exécution. Bruxelles, 6 juillet 1808, et 26 novembre 1811; Nismes, 25 octobre 1811, et 21 mai 1819; Paris, 11 septembre 1812, 20 mai 1813, 1er octobre 1829, et 24 novembre 1831. Cassation, 5 novembre 1811. S., 1809, II 17, 1812, I, 18 et 386, 1813, II, 192 et 285, 1820, II, 209. Gaz, des Trib. du 20 octobre 1829, et du 6 janvier 1832. — Il y avait cependant des arrêts en sens contraire. Turin, 3 décembre 18 o, Lyon, 23 août 1811, Bordeaux, 15 novembre 1828. S., 1811, II, 173; 1812, II, 30; 1829, II, 117, M. Dalloz, v° Degré de juridiction. M. Pardessus, n. 1511.

3. La commission chargée de l'examen de la proposition de M. Jacquinot, a fait observer (p. 14) que la disposition de l'art. 20 est propre à dissiper les craintes qu'on élève sur une prétendue facilité des tribunaux de commerce à méconnaître, en quelque sorte, l'art. 112 du Code de comm., pour appliquer la contrainte par corps à tout acte portant le nom de lettre de change, encore que souvent il n'en réunisse pas les caractères. (Voyez la dernière observation sur l'art. 3.)

4. Cette faculté d'appel ne sera pas une cause de vexation de la part des débiteurs à l'égard de leurs créanciers: le jugement n'en recevra pas moins son exécution immédiate, de sorte que les débiteurs n'appelleront presque jamais que quand ils y auront un intérêt véritable, c'est-à-dire, quand ils pourront espérer le succès. (Rapp. de 1832, p. 43.).

5. Relativement à l'exécution provisoire du jugement, voyez l'art. 2068 du Code civ., et les art. 459 et 460 du Code de proc. civ.

6. L'acquiescement donné au jugement qui prononce la contrainte par corps hors les cas déterminés par la loi, est de nul effet, comme tendant à éluder la prohibition portée par l'art. 2063 du Code civ. Ainsi cet acquiescement n'empêche pas l'appel du jugement, en ce qui concerne la contrainte par corps. Montpellier, 19 juin 1807; Paris, 22 février 1810 et 12 juillet 1825. Bordeaux, 21 décembre 1825. Rouen, 5 novembre 1827. S., 1815, II, 42; 1826, II, 158; 1828, II, 124 et 160. Q. d. d., v° C. p. c., § 11. Il y a des ar-

rêts en sens contraire. Paris, 5 novembre 1827. S., 1828, II, 124. M. Dalloz, t. I, p. 114; t. III, p. 767 et 8 4. Toulouse, 28 janvier 1831. S., 1831, II, 326.

7. Il n'en serait pas de même lorsque le jugement par défaut qui prononce la contrainte par corps hors des cas autorisés, est devenu inattaquable par l'expiration des délais. Il y a chose jugée par la force de la puissance publique, tandis que l'acquiescement est l'effet de la volonté privée. M. Dalloz, t. III, p. 814, à la note. Arrêt en sens contraire. Paris, 27 pluviôse an X. Sirey, t. 2, II, 314.

ART. 21. Dans aucun cas, la contrainte par corps ne pourra être exécutée contre le mari et contre la femme simultanément pour la même dette.

La loi ne doit point permettre que la famille soit privée à la fois de son chef et de celle qui partage avec lui le gouvernement domestique; elle ne peut pas vouloir que des enfans auxquels la mort n'a point ravi leurs parens, deviennent orphelins par mandement de justice (Rapp. de 1831, p. 27. M. Pardessus, n. 1523).

ART. 22. Tout huissier, garde du commerce ou exécuteur des mandemens de justice, qui, lors de l'arrestation d'un débiteur, se refuserait à le conduire en référé devant le président du tribunal de première instance, aux termes de l'article 786 du Code de procédure civile, sera condamné à mille francs d'amende, sans préjudice des dommages-intérêts.

1. Il ne faut pas qu'un officier ministériel impitoyable puisse refuser de conduire le debiteur arrêté devant le magistrat que la loi investit du droit de faire cesser immédiatement la contrainte, si elle est illégale, ou si le débiteur peut se libérer. Une amende répondra de la fidélité des huissiers à remplir une obligation aussi sacrée (Rapp. de 1831, p. 27).

2. Le refus de l'officier ministériel étant puni d'une amende, ce refus prend le caractère d'un délit : par suite la preuve en est admise par témoins.

ART. 23. Les frais liquidés que le débiteur doit consigner ou payer pour empêcher l'exercice de la contrainte par corps, ou pour obtenir son élargissement, conformément aux articles 798 et 800, paragraphe 2, du Code de procédure, ne seront jamais que les frais de l'instance, ceux de l'expédition et de la signification du jugement et de l'arrêt s'il y a lieu, ceux enfin de l'exécution relative à la contrainte par corps seulement.

1. Conformément à l'art. 2063 du Code civ., les dépens n'emportent pas la contrainte par corps. (Voyez la dernière observation sur l'art. 1.) L'art. 800 du Code de proc. civ., déroge indirectement à ce principe : en effet, dès que le débiteur se trouve emprisonné pour sûreté du capital et des intérêts, il ne peut, aux termes de l'art. 800, obtenir son élargissement qu'en payant les *frais liquidés.* Cette expression vague de *frais liquidés,* a favorisé des abus révoltans. On a cumulé tortionnairement, pour rendre l'élargissement impossible, avec les sommes que le débiteur doit consigner pour être déchargé de la contrainte, et qui sont les causes de sa détention, des frais de saisie et d'exécution étrangers à cette détention. L'art. 22, pour prévenir le retour de pareilles vexations, détermine d'une manière précise ce qu'il faut entendre par les *frais liquidés.* (Rapp. de 1831, p. 27; rapp. de 1832, p. 43 et 44.)

2. Dans le projet de 1829, et dans la proposition de M. Jacquinot, la disposition de l'art. 22 était suivie d'une autre ainsi conçue : « Tous paiemens postérieurs à la condamnation par corps seront imputés de droit, et nonobstant toutes stipulations contraires, sur les causes de la contrainte et de l'emprisonnement. » Cette dérogation aux règles du droit commun consignées à l'art. 1256 du Code civ., a été supprimée par la commission chargée de l'examen de ladite proposition (p. 23), et elle n'a pas été reproduite dans le projet qui est devenu la loi du 17 avril 1832.

ART. 24. Le débiteur, si la contrainte par corps n'a pas été prononcée pour dette commerciale, ob-

tiendra son élargissement en payant ou consignant
le tiers du principal de la dette et de ses accessoires,
et en donnant pour le surplus une caution acceptée par le créancier, ou reçue par le tribunal civil
dans le ressort duquel le débiteur sera détenu.

1. Cette disposition a été puisée dans l'art. 18, tit. 3 de
la loi du 15 germinal an VI. Cet article avait passé presque
littéralement dans le projet de loi adopté d'abord par la
Ch. d. P.; il était conçu en termes généraux, et s'appliquait
aux matières commerciales comme aux autres. L'exclu-
sion des matières commerciales est le résultat d'un amendement proposé à la Ch. d. D., par M. Alexandre Gouin.
« Un des plus beaux titres à la confiance, » dit l'orateur,
« que le négociant puisse offrir dans ses relations commerciales, est, sans contredit, cette exactitude ponctuelle qu'il
apporte à *jour fixe* dans l'acquit de ses engagemens. Renoncer à cette exactitude, ou fournir les moyens de l'éluder, serait évidemment porter une atteinte funeste au
commerce. Lorsque les échéances des créances d'un négociant sont douteuses, ses opérations sont alors privées
de cette fixité dont elles ont besoin pour être conçues et
suivies avec économie. Telle serait cependant la position
dans laquelle le placeraient les dispositions de l'art. 24.
L'adoption de cet art. se trouverait en opposition manifeste avec les art. 122 et 124 du C. d. p. c., 157 et 189 du
C. de c., desquels il résulte que les tribunaux de commerce
ne peuvent accorder aucun délai pour une dette assise sur
un titre. La nouvelle disposition conduirait à ce résultat
inadmissible, que le créancier serait dans la dépendance de
son débiteur, et la c. p. c., loin d'être un stimulant pour
les débiteurs solvables, leur fournirait, au contraire, les
moyens d'éluder l'acquittement de leurs engagemens. »
Voyez l'exposé des motifs à la Ch. d. P., 1832.

2. Suivant l'art. 24, et en matière non commerciale, la
liberté ne sera jamais déniée à celui qui pourra fournir un
garant. R. de 1831, p. 29. Déjà en 1818 la Ch. d. P. avait
adopté la même disposition, avec cette différence, qu'elle
ne permettait pas l'élargissement tout de suite, mais seulement après une détention de 3 ans.

3. L'art. 24 renferme une dérogation au droit commun,
suivant lequel, en règle générale, un payement n'est pas

susceptible de division, et le débiteur ne peut forcer le
créancier à recevoir une partie de la dette (art. 1244 du
C. C., 122 et 124 du C. d. p. c.). Cependant la c. p. c.
est un moyen exceptionnel, que la loi peut n'accorder
qu'à certaines conditions. Toutes autres poursuites restent
libres au créancier : la personne du débiteur seule obtient un sauf-conduit, à cause de la grande faveur due à
la liberté. (R. de 1832, p. 45.)

4. L'incident relatif à la réception de la caution appar-
tiendra au *tribunal civil*. A la vérité, on concevrait que les
tribunaux de commerce fussent saisis de la demande en
réception de caution, parce qu'aux termes des art. 439,
440 et 441 du C. d. p. c., la caution peut être reçue par
eux dans un cas analogue. Mais il y a aussi des condamnations civiles qui emportent la c. p. c.; d'ailleurs s'il s'a-
git d'une créance commerciale, la difficulté a été jugée
par le tribunal compétent; la demande de mise en liberté
n'a rien de commercial, c'est même une affaire qui ne
peut être soumise à des juges exceptionnels; elle doit retomber sous l'empire des règles ordinaires. (R. de 1832,
p. 47.)

5. Les art. 2018 et 2019 du C. c., et les dispositions du C.
d. p. c. sur la réception des cautions serviront de règles
aux juges. (R. de 1831, p. 29.)

ART. 25. La caution sera tenue de s'obliger soli-
dairement avec le débiteur à payer, dans un délai
qui ne pourra excéder une année, les deux tiers
qui resteront dus.

ART. 26. A l'expiration du délai prescrit par
l'article précédent, le créancier, s'il n'est pas intégralement payé, pourra exercer de nouveau la
contrainte par corps contre le débiteur principal,
sans préjudice de ses droits contre la caution.

1. Ces deux articles ont été adoptés sans discussion.

2. L'art. 26 ne déroge point aux principes du droit commun relatifs à la mise en demeure.

ART. 27. Le débiteur qui aura obtenu son élargissement de plein droit après l'expiration des dé-

lais fixés par les articles 5, 7, 13 et 17 de la présente loi, ne pourra plus être détenu ou arrêté pour dettes contractées antérieurement à son arrestation et échues au moment de son élargissement, à moins que ces dettes n'entraînent par leur nature et leur quotité une contrainte plus longue que celle qu'il aura subie, et qui, dans ce dernier cas, lui sera toujours comptée pour la durée de la nouvelle incarcération.

1. Le principe une fois admis que l'expiration d'un délai fixé fait preuve de l'indigence du débiteur, il s'ensuit qu'après cette époque le débiteur ne peut plus être emprisonné de nouveau pour des dettes antérieures à sa première arrestation. Suivant le droit commun, pendant qu'un individu est détenu pour dettes à la requête d'un de ses créanciers, s'il en est d'autres qui soient porteurs de jugemens de condamnation rendus contre lui, quelle qu'en soit la date, ils ont le droit de le recommander et de proroger ainsi, à leur compte, la durée de sa détention. Mais la faveur naturelle due à la liberté doit l'emporter sur un droit si rigoureux, et la jurisprudence avait déjà admis le principe consacré aujourd'hui par l'art. 27. (Paris, 22 août 1806. S. 1806, II, 239. M. Dalloz, t. III, p. 821, à la note.) Si les créanciers n'ont point usé de la faculté de recommander le débiteur, il doit profiter également de leur générosité ou de leur défaut de vigilance. (Exp. des m. de 1829, p. 36. R. de 1831, p. 29.)

2. La disposition finale de l'art. 27 repose sur la règle qu'on doit rendre à chacun ce qui lui appartient. (R. de 1831 p. 29.)

3. Le projet de 1829 (art. 20), ne déclarait sans effet, dans les cas prévus par l'art. 27, que les *condamnations* antérieures à l'arrestation. M. Jacquinot a proposé la rédaction actuelle qui a passé inaperçue dans la loi. Peut-être la justice aurait exigé le maintien de la première rédaction, parce que le porteur d'un jugement a seul le droit de recommander le débiteur.

Art. 28. Un mois après la promulgation de la présente loi, la somme destinée à pourvoir aux alimens des détenus pour dettes devra être consignée d'avance et pour trente jours au moins.

Les consignations pour plus de trente jours ne vaudront qu'autant qu'elles seront d'une seconde ou de plusieurs périodes de trente jours.

1. Il ne suffit pas d'assurer au prisonnier pour dettes les moyens de recouvrer légalement sa liberté dans les cas prévus par la loi; il faut encore veiller à sa subsistance et à ses besoins durant sa détention.

Il y a nécessité de répartir jour par jour la somme allouée pour les besoins quotidiens du débiteur. La subsistance journalière des débiteurs sera ainsi assurée, et les difficultés qui étaient nées de l'inégalité du nombre des jours de chaque mois dont l'année se compose, disparaîtront. La Ch. d. P. avait déjà reconnu ce principe en 1821. (R. de 1831, p. 30.)

2. Sur l'ancienne controverse relative à l'inégalité du nombre des jours des différens mois, voyez : Cass. 21 novembre 1820; Toulouse, 16 mars 1818; Rouen, 7 février 1821 et 1 septembre 1824; Orléans, 1828; Amiens, 1829. Tribunal de Paris, 1 avril 1829. S. 1818, II, 254; 1821, I, 23, II, 71 et 214; 1825, II, 177; Gaz. d. t. du 4 janvier, 4 avril et 30 septembre 1829.

3. Aux termes du décret du 4 mars 1808, les détenus en prison à la requête du trésor public pour cause de dettes envers l'état, recevront leur nourriture comme les prisonniers à la requête du ministère public, et il ne sera fait aucune consignation particulière pour la nourriture desdits détenus. Cette disposition nous semble abrogée implicitement par la loi du 17 avril 1832, parce que les art. 28 et 29 font parties des *dispositions communes* aux trois premiers titres de la loi, et que le titre II traite de la c. p. c. en matière de déniers et effets publics. L'État n'est exempté de la consignation d'alimens, que dans les cas prévus par le titre V de la loi, par le Code forestier, et par la loi sur la pêche fluviale, les art. 28 et 29 n'étant pas déclarés applicables à ces cas.

4. Le créancier n'est pas tenu des frais de maladie du

débiteur emprisonné; il ne lui doit fournir, en aucun cas, plus de 20 f. (25-30) par mois. Cass. 17 juillet 1810. S. 1810, I, 3₅0.

5. La loi n'exige pas que l'avance des alimens précède d'un jour entier celui où commence la nouvelle période de 30 jours. Ainsi, lorsque l'emprisonnement a eu lieu le 22 d'un mois qui n'a que 30 jours, il suffit que la consignation ultérieure soit faite le 22 du mois suivant, avant toute distribution d'alimens aux prisonniers. Rouen, 10 vendémiaire an XIV. S. 1807 II, 869.

6. Lorsqu'un détenu pour dettes devient l'objet d'un mandat de dépôt, les créanciers qui l'ont fait écrouer, ne sont pas tenus de consigner les alimens pendant la durée de l'instruction criminelle. Trib. de Paris, 20 mai 1831. G. d. t. du 22. (Voyez ci-dessus la quatrième observation sur l'art. 5.)

ART. 29. A compter du même délai d'un mois, la somme destinée aux alimens sera de trente francs à Paris, et de vingt-cinq francs dans les autres villes, pour chaque période de trente jours.

1. Ainsi les premiers besoins du détenu seront mieux assurés. En 1818 la Chambre des pairs avait déjà adopté la même disposition.

2. Le rapporteur de la commission de la Ch. des P. (1831) a fait observer (p. 32) que la progression dans l'élévation de la taxe des alimens durant le siècle qui a précédé la loi de l'an VI, a suivi les variations du prix des denrées qu'elle représente. En effet, à Paris, en 1667, les créanciers étaient tenus de consigner, pour la nourriture des prisonniers, 6 fr. par mois ou 4 sous par jour, et en 1762 la consignation ne s'était élevée qu'à 10 fr. par mois; en 1798, sous l'empire de la loi de l'an VI, elle a été portée à 20 fr. : aujourd'hui la loi en alloue 30.

3. La base fixée par l'art 29 paraît raisonnable : en faisant moins, il y aurait inhumanité; en faisant plus, on exposerait le créancier à l'impossibilité de faire usage, contre le débiteur qui l'a trompé, et peut-être à moitié ruiné, du seul moyen coërcitif qui lui reste (R. de 1832, p. 48).

4. On lit dans le rapport fait en 1829 à la Ch. des p. par M. le comte de Bastard (p. 24) : « Sans réclamer une plus « forte allocation, plusieurs voix se sont élevées contre l'u- « sage, qui existe aujourd'hui, de prendre, sur cette faible « somme, le loyer du lit, de la table et de la chaise dont le « prisonnier ne peut se passer. L'État ou le créancier ne « devraient-ils pas être tenus de les lui fournir? Il faut « craindre, sans doute, de grever le créancier de frais trop « considérables, qui retombent en définitive sur le débi- « teur. Mais ici, dépasserait-on la mesure, en ajoutant « aux alimens ce mobilier aussi nécessaire au détenu que « le pain qu'on lui donne? C'est ce que vous aurez à peser, « messieurs. » — Cette question n'a pas été examinée : par suite, l'usage antérieur continuera aussi sous l'empire de la nouvelle loi.

Art. 30. En cas d'élargissement, faute de con- signation d'alimens, il suffira que la requête pré- sentée au président du tribunal civil soit signée par le débiteur détenu et par le gardien de la mai- son d'arrêt pour dettes, ou même certifiée vérita- ble par le gardien, si le détenu ne sait pas signer.

Cette requête sera présentée en *duplicata*: l'or- donnance du président, aussi rendue par *dupli- cata*, sera exécutée sur l'une des minutes qui restera entre les mains du gardien; l'autre minute sera déposée au greffe du tribunal, et enregistrée *gratis*.

1. A défaut de consignation d'alimens, le débiteur doit recouvrer sa liberté : car elle devient alors indispensable à la conservation de sa vie. Une procédure simple et gra- tuite procurera au débiteur son élargissement à l'instant où le créancier aura négligé de fournir les alimens. Exp. des m. 1829, p. 37. R. de 1830, p. 24.

2. Voyez plus haut, p. 8, les distinctions que la juris- prudence avait établies avant la loi du 17 avril 1832.

3. L'art. 30 ne déroge pas à la première disposition de l'art. 803 du C. d. p. c. qui prescrit la production d'un certificat de non consignation; ainsi on ne peut craindre

qu'il fût facile au débiteur de surprendre une ordonnance de mise en liberté (R. de 1832, p. 48).

4. L'art. 30 abroge-t-il la seconde disposition du même art. 803? Il nous semble que non, suivant le principe général qui veut qu'il n'y ait lieu à déchéance qu'après une constitution en demeure (art. 1139 et 1146 du C. c.).

5. Toutefois, il faut dire, avec l'arrêt de Rouen du 9 septembre 1824 (S. 1825, II, 177), que la demande en élargissement pour défaut de consignation d'alimens a ses élémens constitutifs dans la *requête répondue par le président*, et non dans l'assignation. Ainsi la consignation est tardive, lorsqu'elle a été faite postérieurement à la requête présentée, quoique avant l'assignation.

6. Dans tous les cas la nouvelle consignation doit comprendre le déficit antérieur et le mois nouveau. Même arrêt.

ART. 31. Le débiteur élargi faute de consignation d'alimens ne pourra plus être incarcéré pour la même dette.

1. Cet article abroge la distinction entre les dettes civiles et commerciales, établie par la jurisprudence antérieure à la présente loi. (Voyez ci-dessus p. 8.) Les alimens sont le besoin commun de tous, et le créancier, quelle que soit l'origine de sa créance, qui néglige de les fournir, met la vie du débiteur en danger et devient indigne d'exercer l'action en contrainte. La loi ne peut confier la vie d'un citoyen à celui qui en tient si peu de compte. Exp. des m. de 1829, p. 37. R. de 1831, p. 30.

2. Sous l'empire de la loi du 15 germinal an VI, on jugeait que l'art. 14 (auquel la disposition de l'art. 31 a été empruntée) n'avait en vue que de punir le créancier incarcérateur, obligé à faire la consignation, et non pas les recommandataires, en sorte que ceux-ci n'étaient pas déchus du droit de faire emprisonner le débiteur pour les mêmes créances. Toulouse, 24 ventôse an XI, S. 1807, II, 874. Ce principe nous paraît devoir être suivi sous l'empire de la loi du 17 avril 1832; en effet les déchéances sont de droit étroit, et le reproche d'avoir mis la vie du débiteur en péril, ne s'applique pas aux recommandataires qui ne font pas eux-mêmes de consignation; le créancier qui fait pro-

céder à l'emprisonnement peut seulement les obliger à une contribution.

3. Mais après l'élargissement faute de consignation d'a-limens, le créancier incarcérateur primitif ne peut re-commander le débiteur arrêté de nouveau à la requête d'un autre créancier. Montpellier 17 août 1827. S. 1828, II, 5. Une décision contraire autoriserait à éluder la disposition de l'art. 31 par voie indirecte.

ART. 32. Les dispositions du présent titre et celles du Code de procédure civile sur l'empri-sonnement auxquelles il n'est pas dérogé par la présente loi, sont applicables à l'exercice de tou-tes contraintes par corps, soit pour dettes com-merciales, soit pour dettes civiles, même pour celles qui sont énoncées à la deuxième section du titre II ci-dessus, et enfin à la contrainte par corps qui est exercée contre les étrangers.

Néanmoins, pour les cas d'arrestation provisoire, le créancier ne sera pas tenu de se conformer à l'article 780 du Code de procédure, qui prescrit une signification et un commandement préalable.

1. Le § 1 de cet article établit une uniformité de princi-pes et de règles sur cette matière.

2. Le § 2 a été ajouté sur l'observation de la commission de la Ch. des D. De la disposition générale qui forme le § 1, il résulterait que la simple arrestation provisoire des étran-gers, en vertu de la loi de 1807, devrait être faite avec toutes les formalités prescrites par le C. de p. c.; ainsi, un étranger ne pourrait être arrêté par mesure de sûreté pro-visoire, sans qu'il y eût signification de l'ordonnance (à défaut du jugement qui n'existe pas encore), et surtout *commandement préalable.* Cela est véritablement incompa-tible avec le but de la loi exceptionnelle du 10 septembre 1807, qui doit être considérée comme une loi de police, une mesure de sûreté prise dans l'intérêt national contre les débiteurs étrangers. On n'y a recours que dans le cas de nécessité et lorsqu'on ne pourrait sans danger attendre

le jugement. Mais la faculté qu'elle donne serait illusoire, si le débiteur, prévenu vingt-quatre heures d'avance, avait ainsi le loisir de s'échapper. En conséquence il convient d'excepter, pour ce cas, l'art. 780 du C. de p. c. du nombre de ceux auxquels le créancier doit se conformer. (R. de 1832 p. 49.) Voyez les observations sur l'art. 15.

3. Plusieurs autres articles du C. de p. c. (783 et 784), parlent d'un itératif commandement; il était inutile de faire à cet égard des dispositions exceptionnelles dans la loi; elles sont la conséquence immédiate et forcée de la première. Dans quelques articles du C. de p. c., il est question du *jugement*. Pour les cas dont nous parlons, *l'ordonnance* est l'équivalent du *jugement*; on conçoit qu'il n'y a pas besoin de le dire.(*Ibid.* p 50.)

4. L'arrestation provisoire des étrangers se trouve ainsi virtuellement réglementée pour l'avenir. Les formalités ordinaires seront suivies; on n'aura plus le spectacle d'arrestations faites par le ministère des gendarmes alors qu'il s'agit simplement d'une dette civile. (*Ibid.*)

En terminant cette section nous parlerons des mesures provisoires que la position du débiteur peut exiger. Cette matière a été réglée par la jurisprudence.

1. Les tribunaux ne peuvent accorder à un débiteur incarcéré son élargissement provisoire, même sous la surveillance d'un garde du commerce et avec caution de se représenter lorsqu'il en sera requis; il doit nécessairement rester en état d'arrestation. Paris, 26 février 1819. S. 1819, II, 195.

2. Toutefois les tribunaux peuvent ordonner que le débiteur sera extrait de la maison d'arrêt pour dettes et conduit à l'audience fixée pour la plaidoirie de sa cause, par un huissier assisté de la force armée, le tout aux frais du débiteur. Paris, 8 octobre 1829. G. d. t. du 9. Carré, lois de la procédure, t. 3, p. 102. Dalloz, t. 3, p. 816 à la note.

3. Le détenu pour dettes peut obtenir sa translation de la prison où il a été écroué, dans un autre lieu de détention : le tribunal où il se trouve détenu est le juge des motifs de cette translation. Agen, 4 décembre 1830. S. 1832, II, 43.

4. Il est de jurisprudence constante, que le débiteur emprisonné, attaqué d'une maladie grave, peut être autorisé à recevoir momentanément hors de la maison de détention et dans un lieu déterminé par le tribunal, un trai-

tement curatif convenable à son état : avec ou sans caution de se représenter. Toutefois il ne lui doit être permis de se retirer dans sa propre maison. De cette manière l'intérêt du créancier se trouve concilié avec ce qu'exige l'humanité. Paris, 4 mai 1812, et 7 janvier 1814. Trib. de la Seine, 3 avril 1832. S. 1814, II, 303. Dalloz, t. 3, p. 817, et les notes. G. d. t. du 4 avril 1832.

5. La santé du débiteur, menacée par une contagion, peut également motiver sa translation dans une maison de santé. Trib. de la Seine, 6 avril 1832. G. d. t. du 8.

TITRE V.

Dispositions relatives à la contrainte par corps en matière criminelle, correctionnelle et de police.

La contrainte par corps est ordinairement le seul moyen d'indemniser le trésor pour les frais de justice criminelle. Le titre V régularise ce moyen d'exécution. Le titre XIV du Code forestier a établi une procédure simple, peu coûteuse pour l'état, et par conséquent moins onéreuse pour le débiteur sur lequel les frais finissent toujours par retomber. La loi en généralise l'usage. (E. d. m. de 1829, p. 39.)

ART. 33. Les arrêts, jugemens et exécutoires portant condamnation, au profit de l'Etat, à des amendes, restitutions, dommages-intérêts et frais en matière criminelle, correctionnelle ou de police, ne pourront être exécutés par la voie de la contrainte par corps que cinq jours après le commandement qui sera fait aux condamnés, à la requête du receveur de l'enregistrement et des domaines.

Dans le cas où le jugement de condamnation n'aurait pas été précédemment signifié au débiteur, le commandement portera en tête un extrait de ce jugement, lequel contiendra le nom des parties et le dispositif.

Sur le vu du commandement et sur la demande du receveur de l'enregistrement et des domaines,

5

le procureur du Roi adressera les réquisitions né-- cessaires aux agens de la force publique et autres fonctionnaires chargés de l'exécution des mande- mens de justice.

Si le débiteur est détenu, la recommandation pourra être ordonnée immédiatement après la no- tification du commandement.

1. Voyez l'art. 52 du C. p. , et les art. 174 et 175 du dé- cret du 18 juin 1811, relatifs aux frais de justice criminelle.

2. Ces condamnations peuvent être exécutées par corps, quoiqu'il ne soit pas fait mention de cette voie dans le ju- gement. Rép. v° amende § 8, n° 4. Cass. 2 janv. 1807. Rejet, 14 juillet 1827 et 14 fév. 1832. S. 1807, I, 537, 1827, I, 530. G. d. t. du 18 fév. 1832.

3. Le débiteur est déjà instruit de sa condamnation, soit par le prononcé du jugement contradictoire, soit par la notification qui lui aura été faite du jugement par défaut : ainsi il suffit d'un simple commandement et d'un délai de cinq jours avant qu'on ne puisse l'emprisonner. (R. de 1829, p. 25. R. de 1830, p. 25.)

4. La c. p. c. ne peut être appliquée pour le recouvre- ment d'amendes prononcées en matière civile, puisque la loi ne contient pas de disposition expresse à cet égard. Décisions ministérielles du 18 niv. an X. S. an IX, II, 534.

5. Cependant les notaires sont contraignables p. c. au paiement des amendes prononcées contre eux pour con- travention à la loi du 17 ventôse an VIII sur les cautionne- mens. Avis du conseil d'état du 14-17 pluviôse an IX.

ART. 34. Les individus contre lesquels la con- trainte par corps aura été mise à exécution aux termes de l'article précédent, subiront l'effet de cette contrainte jusqu'à ce qu'ils aient payé le mon- tant des condamnations, ou fourni une caution admise par le receveur des domaines, ou, en cas de contestation de sa part, déclarée bonne et va- lable par le tribunal civil de l'arrondissement.

La caution devra s'exécuter dans le mois, à peine de poursuites.

Cet article a été adopté sans discussion. Il correspond à l'art. 212 du Code forestier.

ART. 35. Néanmoins les condamnés qui justifie-ront de leur insolvabilité, suivant le mode prescrit par l'article 420 du Code d'instruction criminelle, seront mis en liberté après avoir subi quinze jours de contrainte, lorsque l'amende et les autres con-damnations pécuniaires n'excéderont pas quinze francs ; un mois, lorsqu'elles s'élèveront de quinze à cinquante francs ; deux mois, lorsque l'amende et les autres condamnations s'élèveront de cin-quante à cent francs ; et quatre mois, lorsqu'elles excéderont cent francs.

1. Cette disposition adoucit celles des art. 53, 467 et 469 du C. p.

2. La peine de la contravention du délit ou du crime une fois subie, et lorsqu'il ne s'agit plus que du recouvre-ment des condamnations pécuniaires qui l'ont accompa-gnée, la quotité de la dette doit être la seule mesure de la prolongation de l'emprisonnement. En effet, ce n'est pas une nouvelle réparation que la loi accorde à la société, c'est un moyen de coaction donné au fisc pour la percep-tion de ce qui lui est dû.

3. Le projet de loi avait cumulé, avec le montant de l'a-mende, les autres condamnations pécuniaires accessoires. La Ch. des P. trouva cette disposition trop rigoureuse : elle disait que le délinquant qui a été puni n'est plus que malheureux, et une détention prolongée, en aggravant sa misère, le frapperait d'un funeste découragement, sans avantage pour le fisc et au grand préjudice de la société. (R. de 1831, p. 32 et 33.) En conséquence, elle sup-prima les mots *et autres condamnations pécuniaires*, et elle ne proportionna la durée de l'emprisonnement qu'à la quotité de l'amende. La commission de la Chambre des députés ne partagea pas cet avis. « Il y aura donc dit-elle, p. 51, dérogation complète au lieu d'une simple modification de l'art. 53 du Code pénal, dans lequel se trouvent les mots *condamnations pécuniaires*, applicables, non-seulement à l'amende et aux frais, mais encore aux

restitutions et dommages-intérêts, comme l'indique l'art. 52 du même Code. Ce système entraînerait un grand préjudice pour l'état. A la vérité la disposition ne s'appliquerait pas aux délits forestiers et de pêche. (Art. 46.) Mais il y a des matières à l'égard desquelles l'état a un intérêt non moins considérable que pour les forêts; par exemple pour les douanes et les boissons. Les contraventions aux lois relatives à ces deux objets donnent souvent lieu à des restitutions ou à des dommages-intérêts très-élevés. Un court emprisonnement aiderait les entrepreneurs de fraudes à trouver, moyennant un assez bon prix, des agens subalternes qui consentiraient facilement à subir une captivité de peu de durée, à la charge de prouver leur insolvabilité. Les mots *et autres condamnations pécuniaires* doivent donc être rétablis dans l'art. 35 du projet. De cette manière il y aura aussi plus d'harmonie entre son texte et celui de l'art. 40. » Cette proposition a été adoptée. (R. de 1832, p. 51. Exp. des m. à la Ch. des P. 1832. *Mon.* du 11 avril.)

4. La Ch. des P. avait d'abord décidé, par une disposition additionnelle, que la c. p. c. ne pourrait être prononcée, à raison des condamnations pécuniaires, pendant un temps qui excéderait le double de la peine d'emprisonnement à laquelle le débiteur aurait été condamné par le même jugement. Cette disposition, séduisante au premier abord, n'a pas été adoptée par la Ch. des D. et la Ch. des P. a fini par l'abandonner également.

Tous les jours il arrive qu'en diminuant autant que possible le temps de l'emprisonnement pénal, les tribunaux augmentent la quotité de l'amende, et qu'appliquant, par exemple, l'art. 463 du Code pénal, ils condamnent un délinquant à vingt-quatre heures de prison et à 300 fr. d'amende. Suivant la disposition additionnelle, dans ce cas, la contrainte par corps contre celui qui justifierait de son insolvabilité, ne pourrait plus donner lieu, pour le paiement de l'amende, qu'à un emprisonnement de deux jours, tandis que s'il n'y avait pas condamnation à la peine de la prison, mais seulement à une amende de 150 fr., le condamné insolvable devrait être détenu par forme de contrainte pendant *quatre mois* en vertu du premier paragraphe de l'art. 35. Il y aurait donc une prime accordée à la peine de la prison, et plus de sévérité pour celui qui serait condamné à une simple amende, cette amende fût-elle même inférieure à celle qui, dans le premier cas, accompagne la peine corporelle. (R. de 1832 p. 53. Exp. des m. à la Ch. des P. 1832.)

Art. 36. Lorsque la contrainte par corps aura cessé en vertu de l'article précédent, elle pourra être reprise, mais une seule fois, et quant aux restitutions, dommages et intérêts et frais seulement, s'il est jugé, contradictoirement avec le débiteur, qu'il lui est survenu des moyens de solvabilité.

Cette disposition, empruntée à l'art. 53 du Code pénal, se concilie parfaitement avec l'article précédent. En effet, s'il n'est ni juste ni utile de retenir un insolvable en prison pour des condamnations pécuniaires qu'il ne peut acquitter actuellement, il est juste et utile de contraindre, même par corps, à se libérer, celui à qui il est survenu des moyens de solvabilité : la mauvaise volonté du second ne saurait avoir le même effet que l'impuissance du premier. (R. de 1831, p. 33.)

Art. 37. Dans tous les cas, la contrainte par corps exercée en vertu de l'article 33 est indépendante des peines prononcées contre les condamnés.

Cette décision est incontestable.

Art. 38. Les arrêts et jugemens contenant des condamnations en faveur des particuliers pour réparations de crimes, délits ou contraventions, commis à leur préjudice, seront, à leur diligence, signifiés et exécutés suivant les mêmes formes et voies de contrainte que les jugemens portant des condamnations au profit de l'Etat.

Toutefois les parties poursuivantes seront tenues de pourvoir à la consignation d'alimens, aux ter-

mes de la présente loi , lorsque la contrainte aura
lieu à leur requête et dans leur intérêt.

Il est convenable que la loi qui veille aux intérêts du
fisc et des condamnés ne néglige point ceux·des parties
civiles.

Art. 39. Lorsque la condamnation prononcée
n'excédera pas trois cents francs, la mise en liberté
des condamnés, arrêtés ou détenus à la requête
et dans l'intérêt des particuliers , ne pourra avoir
lieu , en vertu des articles 34, 35 et 36, qu'autant
que la validité des cautions ou l'insolvabilité des
condamnés auront été, en cas de contestation ,
jugées contradictoirement avec le créancier.
    La durée de la contrainte sera déterminée par
le jugement de condamnation dans les limites de
six mois à cinq ans.
    Art. 40. Dans tous les cas et quand bien même
l'insolvabilité du débiteur pourrait être constatée,
si la condamnation prononcée , soit en faveur
d'un particulier, soit en faveur de l'Etat , s'élève à
trois cents francs, la durée de la contrainte sera
déterminée par le jugement de condamnation
dans les limites fixées par l'article 7 de la présente
loi.
    'Néanmoins, si le débiteur a commencé sa soi-
xante-et-dixième année avant le jugement , les juges pourront réduire le minimum à six mois, et
ils ne pourront dépasser un maximum de cinq
ans.
    S'il atteint sa soixante-et-dixième année pen-
dant la durée de la contrainte, sa détention sera
de plein droit réduite à la moitié du temps
qu'elle avait encore à courir aux termes du jugement.

1. Suivant le projet du gouvernement, il y avait lieu à la contrainte par corps contre tous individus condamnés à des restitutions ou dommages-intérêts envers des particuliers. Mais ce projet distinguait ces condamnés en deux classes, selon que les sommes adjugées excèdent ou n'excèdent pas 3oo fr. Dans le second cas, il admit tous les condamnés à jouir du bénéfice des art. 34 et 35; dans le cas contraire, il proportionna la durée de leur détention à la quotité des condamnations, en établissant une échelle plus basse que celle insérée aux art. 5 et 7, à l'exception des septuagénaires, pour lesquels la proportion était réduite à moitié. Le projet ne distinguait pas, quant aux individus de la première catégorie, entre les solvables et les prétendus insolvables; en effet, la loi civile n'admet pas de pareille distinction, et l'on ne pouvait être plus indulgent à l'égard des escrocs et des voleurs condamnés à des restitutions, qu'on ne l'est envers des débiteurs ordinaires.

La Ch. des P., sur la proposition de sa commission, a pensé que la condamnation pécuniaire, prononcée au profit d'une *partie civile*, ne devait être considérée que comme une dette purement civile; et, bien qu'elle admît que la restitution au profit de l'*État*, quoiqu'inférieure à 3oo fr., donne lieu à la c. p. c., elle a, en conséquence de la loi relative aux dettes civiles, demandé que la contrainte ne fût exercée par la partie civile que pour une somme supérieure à 3oo fr. Statuant pour ce dernier cas, elle a laissé aux juges seuls le droit de fixer la durée de l'emprisonnement, au lieu de la déterminer par une échelle de proportion; elle a laissé les septuagénaires en dehors : elle les a ensuite affranchis par une disposition expresse de l'art. 40, qui renvoyait à l'art. 4.

La Ch. des D., sur la proposition de sa commission (p. 56), est revenue au système du projet primitif. En effet, il n'y a pas nécessité d'affranchir de la c. p. c., à l'égard des *parties civiles*, les individus condamnés à des restitutions moindres de 3oo fr. : ce n'est plus une dette purement civile, du moment que la condamnation dérive d'un crime ou délit. Quant aux condamnations supérieures à 3oo fr., on peut laisser aux juges le soin d'arbitrer le temps de la contrainte, dans les limites du *minimum* et du *maximum*, déterminé par l'art. 7. Pour ce qui concerne les septuagénaires, l'art. 40 y pourvoit. Le principe de l'immunité ne pouvait être admis : dans ce cas, il y aurait journellement des délits dont la réparation, à l'égard des intéressés, serait impossible; les familles livrées à l'habitude de certains délits, par exemple dans les bois et forêts, auraient soin d'envoyer des vieillards pour les commettre, certains du moins que les condamnations pécuniaires seraient illusoires. Toutefois, il convient de traiter les septuagénaires avec moins de sévérité que les autres.

ART. 41. Les articles 19, 21 et 22 de la présente loi sont applicables à la contrainte par corps exercée par suite des condamnations criminelles, correctionnelles et de police.

Voy. les observations sur les articles cités.

TITRE VI.

Dispositions transitoires.

1. Le principe de la non-rétroactivité des lois est une ancienne *règle de convenance législative;* mais cette règle n'est point absolue, et la loi romaine, L. 7 *Cod. de legibus,* dans laquelle elle se trouve écrite, ajoute qu'il est cependant au pouvoir du législateur d'ordonner que la loi étende son empire même sur le passé ". L'art. 2 du C. C., qui consacre textuellement le principe général, n'a force de loi que quant aux dispositions contenues au même code : il ne saurait lier les mains ni au législateur ni à la jurisprudence, dans les matières qui ne sont pas l'objet du C. C.

2. Les jurisconsultes ont toujours admis que le principe sacré de la non-rétroactivité des lois se prête à quelques modifications, et reçoit une juste exception dans l'intérêt de l'humanité et de l'infortune. Ainsi une nouvelle loi pénale est-elle plus douce? Il faut appliquer ses dispositions aux faits qui lui sont antérieurs. Est-elle plus sévère? Son application doit être restreinte aux faits postérieurs à sa promulgation (Rép. v° Effet rétroactif, sect. 3, § 11). Sans assimiler la contrainte par corps à une peine, il est permis de

" Voyez mon *Traité des rentes foncières,* p. 540, et le Rép. v° Effet rétroactif, sect. 2, n°ˢ 1 et 2.

la considérer comme un joug pesant, comme la plus dure de toutes les dispositions légales qui ne sont pas des peines proprement dites. Dès-lors il est impossible de laisser subsister, pour la même nature de dettes et à cause de quelque différence de date, une détention perpétuelle et désespérante à côté d'une détention temporaire. L'élargissement du débiteur, après un temps déterminé, étant fondé sur une présomption légale d'insolvabilité, il est juste de donner à cette présomption tout son effet à l'égard de tous, au moment où elle est établie par la loi. (Exp. des m. 1829, p. 41. R. de 1829, p. 30. R. de 1830, p. 26. R. de 1831, p. 37. R. de 1832, p. 23, 24 et 42.)

3. Le principe de la non-rétroactivité ne s'applique qu'aux droits en eux-mêmes, et non au mode de les exercer. Les droits une fois acquis sont hors de la puissance du législateur; leur exercice, au contraire, peut varier, être soumis à des formes nouvelles, rester indifféremment sous l'empire de la loi ancienne ou passer sous l'empire de la loi nouvelle. Il n'y a pas ici lésion d'un droit acquis, puisqu'il y a respect pour l'engagement contracté. La loi nouvelle ne fait qu'en régler, qu'en modifier l'exécution, en conciliant le droit du créancier avec le droit plus sacré de l'humanité. (Rép. ibid. § 10. R. de 1829, p. 28. R. de 1830, p. 27. R. de 1832, p. 23, 24 et 42.)

4. En 1829, la Ch. des P. était allée plus loin que les législateurs de 1832 : elle avait adopté, à la suite des dispositions du présent titre, un article additionnel ainsi conçu : « Les dispositions de la présente loi sont applicables à tous « les individus qui seront arrêtés postérieurement à sa pu- « blication, à quelque époque que remontent leurs enga- « gemens et les condamnations qui en auront été la suite.» Voici les raisons données dans le rapport de la commission (p. 35), à l'appui de cet article : « Quant aux créanciers qui « n'ont point encore fait arrêter leurs débiteurs, leur droit « d'agir existe sans doute; mais ce droit est subordonné à « leur volonté, ce droit ne s'est point encore exercé. La « loi future peut le régler avant qu'il soit entré, par le fait « et l'exercice, dans le domaine de la loi existante. » La loi du 17 avril 1831 n'a pas répété la même disposition : cependant un texte formel serait inutile, parce qu'elle est la conséquence du droit commun en matière d'effet rétroactif. La loi nouvelle doit être prise pour guide, quant au mode de l'exécution des droits. (Voy. l'observation qui

précède). Aussi les tribunaux ont décidé, sous l'empire des
lois antérieures, que la dernière disposition de l'art. 800
du C. de p. c. s'applique au débiteur incarcéré avant ce
code comme à celui qui l'aura été depuis. (Paris, 18
avril 1807 et 14 janvier 1809. S. 1807, II, 657; 1809, II,
215.) De même la jurisprudence a reconnu que les formes
prescrites par le C. d. p. c. sont applicables aux emprison-
nemens exécutés sous son empire, quoique les jugemens
soient d'une date antérieure. (Paris, 7 avril 1807. Bruxelles,
13 juin 1807. S. 1807, II, 650 et 869.) Voy. ci-dessus
la 3ᵉ observation sur l'art. 4, la 5ᵉ sur l'art. 14, et la 2ᵉ sur
l'art. 19.

5. Les principes que nous venons d'exposer ont motivé
les dispositions contenues au présent titre. Ils dirigeront
également les jurisconsultes dans l'interprétation de la loi.
C'est ainsi que, par une conséquence nécessaire desdits
principes, les art. 1, 13 et 14, qui défendent de prononcer
la c. p. c. pour des obligations inférieures à 200, 300 et
150 fr., doivent être appliqués aux engagemens antérieurs
à la promulgation de la loi. (Voy. la Gaz. d. t. des 25 et
27 avril 1832.) De même les art. 21, 22, 23 et 24 sont immédiatement applicables.

6. On ne trouve dans les lois antérieures aucun texte
contenant des dispositions transitoires : cependant la jurisprudence présente plusieurs monumens relatifs à la matière.
On peut consulter le Rép., vᵉ C. p. c., nᵒ VI, 6ᵒ; les Q. de
D., même mot, § 1 et 2. Rejet, 4 nivôse et 23 floréal an IX,
2 germinal an X. Cass. 17 prairial an XII. Rejet, 27 octobre 1806 et 20 février 1809. Cass. 2 et 9 août 1808. Rejet,
21 avril 1813. Paris, 14 janvier 1809 et 1ᵉʳ octobre 1814.
S., t. 1, I, 382 et 439; t. 3, II, 571; t. 4, II, 713; 1806, I,
433; 1808, I, 520; 1809, I, 124, II, 215; 1813, I, 366;
1815, II, 1. M. Dalloz, t. 3, p. 747 et suiv.

ART. 42. Un mois après la promulgation de la
présente loi, tous débiteurs actuellement détenus
pour dettes civiles ou commerciales obtiendront
leur élargissement, s'ils ont commencé leur soixante-et-dixième année, à l'exception toutefois
des stellionataires, à l'égard desquels il n'est nul-
lement dérogé au Code civil.

1. Suivant le projet du gouvernement, ceux qui ont été condamnés pour défaut de paiement de lettres de change devaient obtenir leur élargissement un mois après la promulgation de la présente loi, s'ils avaient commencé leur 72ᵉ année, et tous autres débiteurs actuellement détenus pour dette commerciales, s'ils avaient atteint leur 70ᵉ. Cette distinction se trouvait également dans l'art. 6 du projet : elle a été repoussée, dans l'un et l'autre cas, par la Ch. des P. En effet, si le principe qui exempte la vieillesse des rigueurs de la c. p. c. est emprunté au droit naturel, n'est-il pas éternel et imprescriptible comme lui? Ce sont les lois positives qui rétroagissent, parce qu'elles sont l'œuvre de l'homme, être de peu de jours, dont les volontés se succèdent et se contredisent ; mais les lois innées, qui appartiennent à un ordre de choses impérissable, comme la morale, la raison et la divinité, qui en est la source, ne sauraient rétroagir. On peut cesser de leur obéir pendant un temps ; mais elles n'ont pas cessé de commander, et il est au fond de toutes les consciences quelque chose qui atteste que, se replacer sous leur empire, ce n'est point innover, mais abolir des innovations funestes qui avaient suspendu l'exercice de leur autorité sans pouvoir l'abolir. (R. de 1831, p. 38.)

2. Les mots : *à l'exception toutefois des stellionataires,* etc., ont été ajoutés par la Ch. des D., sur la proposition de sa commission. La rédaction générale de cet article, telle qu'elle avait été adoptée par la Ch. des P., embrassait tous les septuagénaires, même ceux qui sont détenus pour cause de stellionat. Il fallait en conclure que désormais la c. p. c. ne pouvait être prononcée contre les stellionataires âgés de 70 ans : car on ne mettrait pas en liberté ceux qui sont maintenant détenus, pour en incarcérer d'autres. Il n'y a pas, dit la commission (p. 58), de motifs suffisans pour déroger ainsi virtuellement à la partie de l'art. 2066 du C. c. qui excepte les stellionataires du bénéfice de l'âge. Le stellionat est une sorte de vol fait en connaissance de cause : aussi a-t-il toujours été traité avec beaucoup de sévérité.

ART. 43. Après le même délai d'un mois, les individus actuellement détenus pour dettes civiles emportant contrainte par corps obtiendront leur

élargissement, si cette contrainte a duré dix ans
dans les cas prévus au premier paragraphe de l'article 7, et si cette contrainte a duré cinq ans, dans
les cas prévus au deuxième paragraphe du même
article, comme encore si elle a duré dix ans, et
s'ils sont détenus comme débiteurs ou rétentionnaires de deniers ou effets mobiliers de l'Etat, des
communes et des établissemens publics.

ART. 44. Deux mois après la promulgation de la
présente loi, les étrangers actuellement détenus
pour dettes, et dont l'emprisonnement aura duré
dix ans, obtiendront également leur élargissement.

ART. 45. Les individus actuellement détenus
pour amendes, restitutions et frais, en matière
correctionnelle et de police, seront admis à jouir
du bénéfice des articles 35, 39 et 40, savoir : les
condamnés à quinze francs et au-dessous, dans la
huitaine ; et les autres dans la quinzaine de la promulgation de la présente loi.

Voy. les observations qui précèdent l'art. 42.

Dispositions générales.

ART. 46. Les lois du 15 germinal an VI, du 4 floréal de la même année et du 10 septembre 1807,
sont abrogées. Sont également abrogées, en ce
qui concerne la contrainte par corps, toutes dispositions de lois antérieures relatives aux cas où
cette contrainte peut être prononcée contre les débiteurs de l'Etat, des communes et des établissemens publics. Néanmoins celles de ces dispositions
qui concernent le mode des poursuites à exercer
contre ces mêmes débiteurs, et celle du titre XIII
du Code forestier, de la loi sur la pêche fluviale,

ainsi que les dispositions relatives au bénéfice de cession, sont maintenues et continueront d'être exécutées.

1. Une partie des dispositions de la loi du 15 germinal an VI, a déjà été abrogée implicitement par le C. C. et le C. de p. c. (Voy. ci-dessus p. 7 et 8) : la loi du 17 avril 1832 remplace le surplus des dispositions de la loi de germinal. Ainsi l'abrogation expresse de la loi entière a pu être prononcée.

2. L'abrogation de la loi du 6 floréal an VI résultait déjà des dispositions du C. c. et de la loi du 10 septembre 1807. (Voyez le § 2 du chap. Ier, et les observations sur l'art. 14.) Cependant le législateur a jugé utile de l'exprimer au texte.

3. La loi du 17 avril 1832 a remplacé par d'autres dispositions la loi du 10 septembre 1807 et celles qui concernent les cas où la c. p. c. à lieu pour deniers et effets publics.

4. Les dispositions du C. C., du C. de p. c., du C. de C. du C. d'inst. c. et du C. p., relatives à la c. p. c., conservent leur vigueur (p. 15). Il nous a paru utile de traiter en cet endroit une question de juridiction qui n'a pu trouver sa place ailleurs. Lorsque le créancier a omis de demander la c. p. c. en même temps qu'il a requis la condamnation du débiteur, les tribunaux peuvent-ils prononcer cette contrainte par un jugement postérieur? Nous tenons pour l'affirmative : aucun principe de droit ne s'y oppose, et aucun texte n'a établi la nécessité de la réunion des deux dispositions, ainsi que l'art. 127 du C. de p. c. l'a prescrite dans un cas analogue. Turin, 22 pluviôse XIII. S. t. 5 II 257 ou 514. M. Pardessus, n° 1512 et M. Dalloz, t. 3, p. 747 et 772 soutiennent l'opinion contraire, avec un arrêt de Paris du 28 germinal XIII, un de Trèves du 24 mars 1809 (S. t. 5 II 284 ou 567, 1809 II 398). Mais si le jugement a omis de prononcer sur la demande en contrainte p. c. on doit interjeter appel et on ne peut se pourvoir par action nouvelle pour la faire ordonner. Même arrêt de 1809. On ne pourrait également la réclamer en cause d'appel, si on ne l'a pas fait en première instance. Bruxelles, 30 novembre 1818. Dalloz, t. 3, p. 740. M. Pardessus, n° 1512.

Addition à l'art. 25. La caution n'est pas de droit soumise à la c. p. c. (art. 2060, 5° du C. C.)

FIN.

SOMMAIRE.

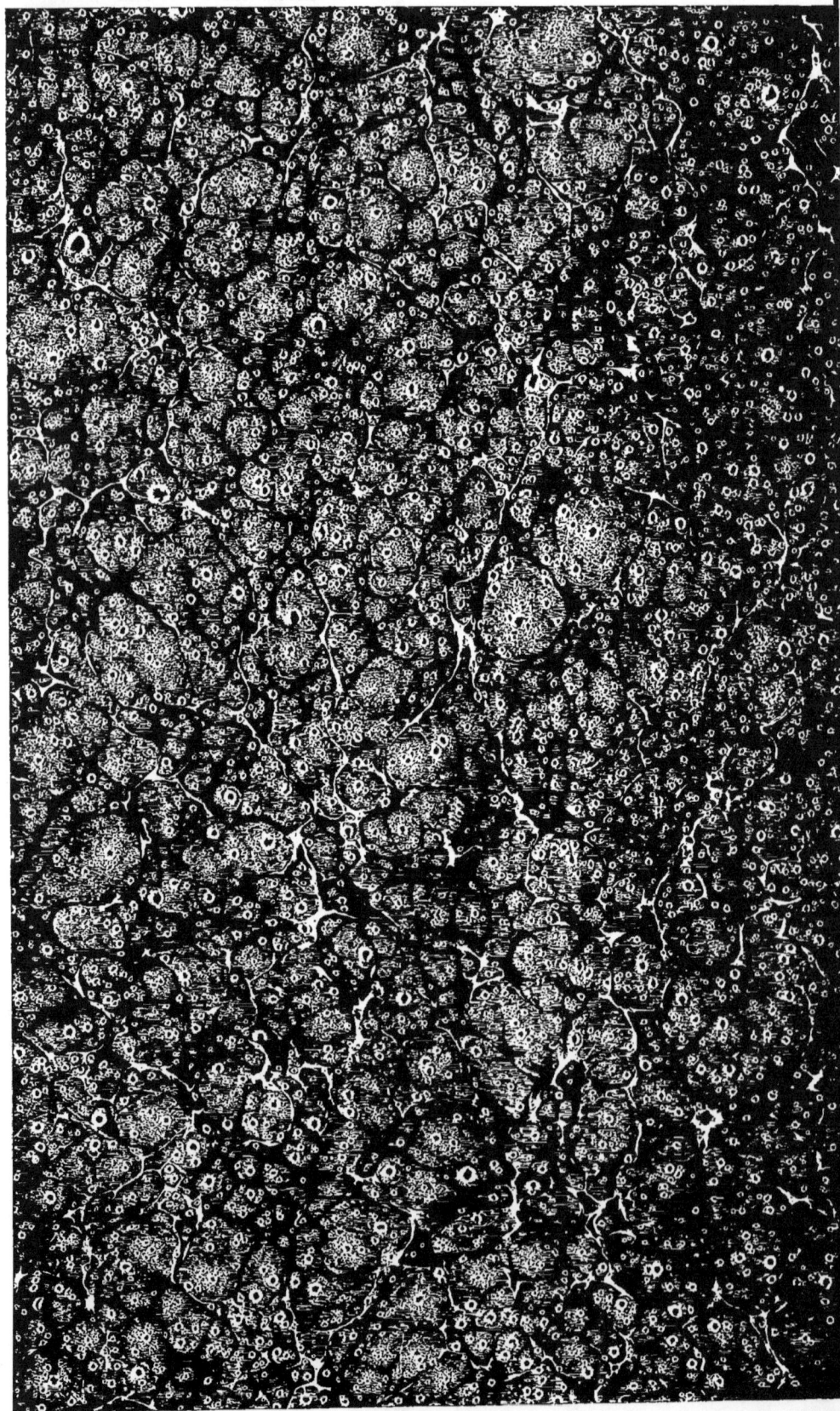

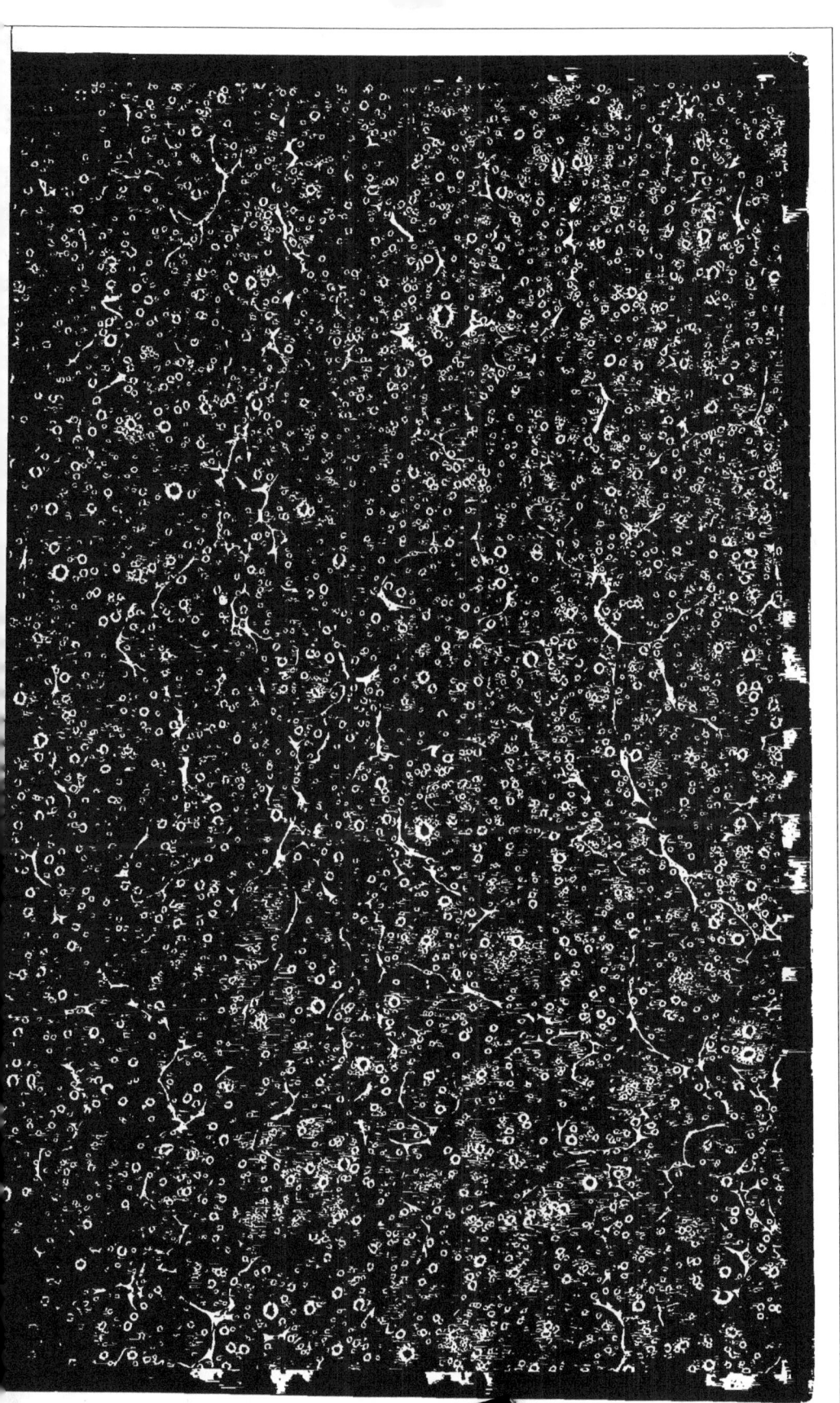

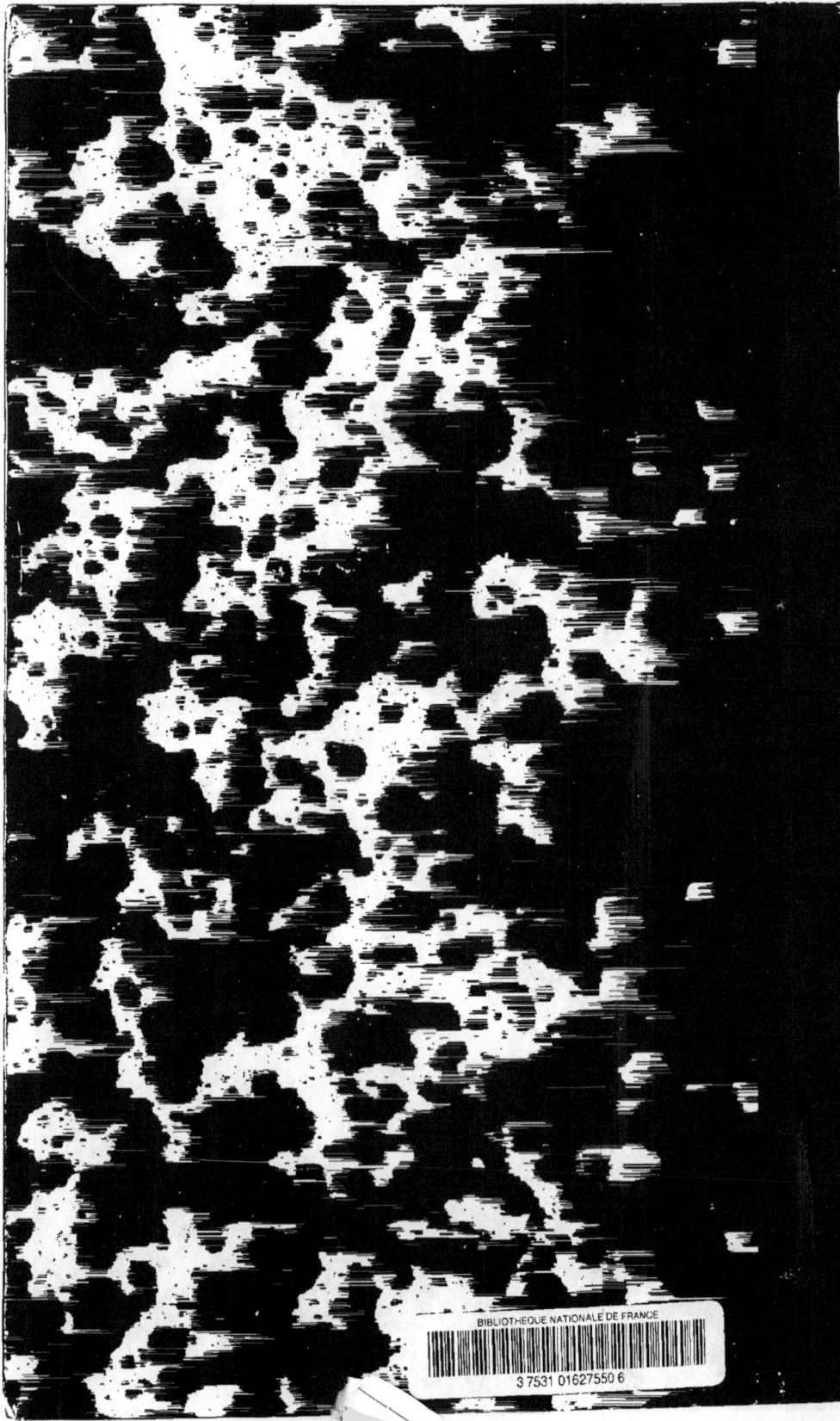